PSYCHODYNAMIK**Kompakt**

Herausgegeben von
Franz Resch und Inge Seiffge-Krenke

Ulrich Streeck

Psychoanalytisch-interaktionelle Therapie struktureller Störungen

Vandenhoeck & Ruprecht

Bibliografische Information der Deutschen Nationalbibliothek:
Die Deutsche Nationalbibliothek verzeichnet diese Publikation in der
Deutschen Nationalbibliografie; detaillierte bibliografische Daten sind
im Internet über http://dnb.de abrufbar.

© 2018, Vandenhoeck & Ruprecht GmbH & Co. KG,
Theaterstraße 13, D-37073 Göttingen
Alle Rechte vorbehalten. Das Werk und seine Teile sind urheberrechtlich
geschützt. Jede Verwertung in anderen als den gesetzlich zugelassenen Fällen
bedarf der vorherigen schriftlichen Einwilligung des Verlages.

Umschlagabbildung: Paul Klee, Entwurf für einen Mantel, 1931/akg-images

Satz: SchwabScantechnik, Göttingen
Druck und Bindung: ⊕ Hubert & Co. BuchPartner, Göttingen
Printed in the EU

Vandenhoeck & Ruprecht Verlage | www.vandenhoeck-ruprecht-verlage.com

ISBN 978-3-525-40642-7

Inhalt

Vorwort zur Reihe 7

Vorwort zum Band 9

1 Vorbemerkungen: Interaktion und Interpersonalität im Fokus 11

2 »Durch die nämliche Technik zu erledigen«? 14

3 Strukturelle Störungen 18
  3.1 Struktur und psychische Funktionen 18
  3.2 Strukturelle Störungen und schwere Persönlichkeitsstörungen 19
  3.3 Beeinträchtigungen psychischer Funktionen – strukturell verankert oder konfliktbedingt? 20
  3.4 Klinische Erscheinungsbilder struktureller Störungen ... 24

4 Verinnerlichte Beziehungserfahrungen und prozedurales Beziehungswissen 27
  4.1 Brauchen Psychotherapeuten Kenntnisse über soziale Interaktion? 31
  4.2 Was Psychotherapie ist und was der Psychotherapeut tut, zeigt ihm sein Patient 33
  4.3 Körperliches Verhalten – Botschaften aus dem seelischen Binnenraum? 35

5 Psychotherapie nahe am sozialen Alltagsleben:
Die psychoanalytisch-interaktionelle Arbeitsweise 39
5.1 Zwischen Patient und Psychotherapeut 41
5.2 Zur Haltung des Psychotherapeuten 42
5.3 Aktivität des Psychotherapeuten 44
5.4 Den Patienten zu akzeptieren bedeutet keineswegs,
nur freundliche Gefühle zu haben 46
5.5 Der Patient spricht über Beziehungen 48

6 Wie »körperliches Wissen« therapeutisch erreicht
werden kann 51
6.1 Soziale Resonanz und »Antworten« des
Psychotherapeuten 53
6.2 Gegenübertragung und abgestimmte »Antworten« 55
6.3 Authentisch, aber selektiv 57

7 Interpersonelle Beziehungen und Verhaltenserwartungen
in der Gruppe 59

8 »Der Mensch erkennt sich nur im Menschen ...« 61

Literatur 64

Vorwort zur Reihe

Zielsetzung von PSYCHODYNAMIK KOMPAKT ist es, alle psychotherapeutisch Interessierten, die in verschiedenen Settings mit unterschiedlichen Klientengruppen arbeiten, zu aktuellen und wichtigen Fragestellungen anzusprechen. Die Reihe soll Diskussionsgrundlagen liefern, den Forschungsstand aufarbeiten, Therapieerfahrungen vermitteln und neue Konzepte vorstellen: theoretisch fundiert, kurz, bündig und praxistauglich.

Die Psychoanalyse hat nicht nur historisch beeindruckende Modellvorstellungen für das Verständnis und die psychotherapeutische Behandlung von Patienten hervorgebracht. In den letzten Jahren sind neue Entwicklungen hinzugekommen, die klassische Konzepte erweitern, ergänzen und für den therapeutischen Alltag fruchtbar machen. Psychodynamisch denken und handeln ist mehr und mehr in verschiedensten Berufsfeldern gefordert, nicht nur in den klassischen psychotherapeutischen Angeboten. Mit einer schlanken Handreichung von 70 bis 80 Seiten je Band kann sich der Leser schnell und kompetent zu den unterschiedlichen Themen auf den Stand bringen.

Themenschwerpunkte sind unter anderem:
- *Kernbegriffe und Konzepte* wie zum Beispiel therapeutische Haltung und therapeutische Beziehung, Widerstand und Abwehr, Interventionsformen, Arbeitsbündnis, Übertragung und Gegenübertragung, Trauma, Mitgefühl und Achtsamkeit, Autonomie und Selbstbestimmung, Bindung.
- *Neuere und integrative Konzepte und Behandlungsansätze* wie zum Beispiel Übertragungsfokussierte Psychotherapie, Schematherapie, Mentalisierungsbasierte Therapie, Traumatherapie, internet-

basierte Therapie, Psychotherapie und Pharmakotherapie, Verhaltenstherapie und psychodynamische Ansätze.
- *Störungsbezogene Behandlungsansätze* wie zum Beispiel Dissoziation und Traumatisierung, Persönlichkeitsstörungen, Essstörungen, Borderline-Störungen bei Männern, autistische Störungen, ADHS bei Frauen.
- *Lösungen für Problemsituationen in Behandlungen* wie zum Beispiel bei Beginn und Ende der Therapie, suizidalen Gefährdungen, Schweigen, Verweigern, Agieren, Therapieabbrüchen; Kunst als therapeutisches Medium, Symbolisierung und Kreativität, Umgang mit Grenzen.
- *Arbeitsfelder jenseits klassischer Settings* wie zum Beispiel Supervision, psychodynamische Beratung, Soziale Arbeit, Arbeit mit Geflüchteten und Migranten, Psychotherapie im Alter, die Arbeit mit Angehörigen, Eltern, Familien, Gruppen, Eltern-Säuglings-Kleinkind-Psychotherapie.
- *Berufsbild, Effektivität, Evaluation* wie zum Beispiel zentrale Wirkprinzipien psychodynamischer Therapie, psychotherapeutische Identität, Psychotherapieforschung.

Alle Themen werden von ausgewiesenen Expertinnen und Experten bearbeitet. Die Bände enthalten Fallbeispiele und konkrete Umsetzungen für psychodynamisches Arbeiten. Ziel ist es, auch jenseits des therapeutischen Schulendenkens psychodynamische Konzepte verstehbar zu machen, deren Wirkprinzipien und Praxisfelder aufzuzeigen und damit für alle Therapeutinnen und Therapeuten eine gemeinsame Verständnisgrundlage zu schaffen, die den Dialog befördern kann.

Franz Resch und Inge Seiffge-Krenke

Vorwort zum Band

Patientinnen und Patienten mit strukturellen Störungen, die oft mit gravierenden Problemen der Selbstregulation und der Beziehungsregulation konfrontiert sind, entziehen sich in der Regel einem therapeutischen Zugang durch die klassische psychoanalytische Technik. Sie haben Probleme, zu anderen Menschen eine ausreichend stabile und vertrauensvolle Beziehung aufzubauen, und sind damit entweder von sozialer Isolation bedroht oder durch massive Beziehungsprobleme belastet. Dies erhöht das Risiko von psychischen und körperlichen Folgeproblemen. Die psychoanalytisch-interaktionelle Therapie stellt die interpersonellen Störungen in den Mittelpunkt ihrer Vorgehensweise. Psychoanalytische Traditionen werden dabei mit den Erkenntnissen der Mikrosoziologie verknüpft.

Die Anfänge der Methode gehen auf Heigl-Evers und Heigl zurück, die im Rahmen der stationären Psychotherapie erkannten, dass ihre schwer beeinträchtigten Patienten von der klassischen Psychoanalyse nicht erreicht wurden. So kristallisierte sich schließlich die psychoanalytisch-interaktionelle Methode für Patienten mit schweren strukturellen Störungen heraus. Sie wird als Einzel- und Gruppentherapiemethode konzeptualisiert.

Der Autor baut auf eine reiche klinische Erfahrung auf und hebt die Besonderheiten dieser Behandlungsmethode überzeugend hervor. Ein Kapitel über strukturelle Störungen dient der Begriffsklärung, wobei die Definition von psychischer Struktur nach Rudolf gewählt wird. Die psychische Struktur ist ein Konstrukt, dem beobachtbare psychische Funktionen zugrunde liegen. Die Beschreibung struktureller Störungen mit Fallbeispielen macht nicht nur den Unterschied zwischen Konfliktdynamik und struktureller Bedingtheit von Symptomen deutlich, sondern zeigt die klinisch wichtige Tatsache auf, dass strukturelle Störungen in manchen Umwelten auch ausgeglichen werden können und erst beispielsweise nach einem notwendigen Entwicklungsschritt in ein anderes Lebensmilieu zum Ausdruck kommen können, ohne dass die Umweltbedingungen die Symptome im engeren Sinne verursacht haben. Deutlich wird, dass Patientinnen und Patienten mit strukturellen Störungen in ihrem Lebensalltag massiv beeinträchtigt sind – und therapeutischer Hilfe bedürfen.

Ein eigenes Kapitel widmet sich dem Beziehungswissen und den implizit »verkörperlichten« Beziehungserfahrungen. Diese Erkenntnisse führen zur Überlegung, dass Psychotherapeutinnen und Psychotherapeuten ein Verständnis für soziale Interaktion benötigen, denn beide Interaktionspartner lesen auch das Verhalten des jeweils anderen aus den nonverbalen Interaktionen, indem der Ausdruck des einen zum Eindruck für den anderen wird – und vice versa. »Was der Psychotherapeut tut, zeigt ihm sein Patient.«

Kapitel 5 beschreibt die psychoanalytisch-interaktionelle Arbeitsweise als auf soziales Alltagsleben bezogen. Wichtige praktische Hinweise und Fallvignetten bereichern den Text. Schließlich geht es auch darum, wie »körperliches Wissen« therapeutisch erreicht werden kann. So können therapeutische Intentionen die interpersonellen Aspekte im Verhalten des Patienten aufgreifen, um schließlich das implizite leibgebundene und kultur- oder milieuvermittelte Beziehungswissen des Patienten zu erreichen und zu verändern.

Ein klar und gut lesbar geschriebenes Buch, das den therapeutischen Horizont zu erweitern vermag.

Franz Resch und Inge Seiffge-Krenke

1 Vorbemerkungen: Interaktion und Interpersonalität im Fokus

Die psychoanalytisch-interaktionelle Therapie wurde für die Behandlung von Patienten mit strukturellen Störungen aus der Psychoanalyse entwickelt. Strukturelle Störungen zeigen sich vor allem in den oft gravierenden Problemen, die die Patientinnen und Patienten damit haben, sich selbst zu regulieren und ihre zwischenmenschlichen Beziehungen zu gestalten und aufrechtzuerhalten. Ausreichend stabile und vertrauensvolle Beziehungen zu anderen Menschen sind von großer Bedeutung für die seelische und für die körperliche Gesundheit. Unfreiwillig sozial isoliert zu sein oder mit hochgradig gestörten und instabilen Beziehungen zu leben, geht mit einem ungleich höheren Risiko einher, nicht nur psychisch, sondern auch körperlich krank zu werden (vgl. Egle et al., 2016). Im Vergleich zu Personen mit stabilen interpersonellen Beziehungen ist zudem die Lebenserwartung signifikant verkürzt. Darum stehen in der psychoanalytisch-interaktionellen Therapie die Probleme der Patienten mit anderen und anderer mit ihnen, interpersonelle Störungen oder »Störungen des Sozialen« (Sullivan, 1980; vgl. Möller, Laux u. Deister, 1996), abgesehen von den Problemen in der Beziehung zu sich selbst, im Mittelpunkt der therapeutischen Arbeit.

Vor diesem Hintergrund stellt sich die Frage, welche Bedingungen und Umstände es sind, die das Zusammensein der Patienten mit anderen dermaßen belasten und beeinträchtigen. Was geschieht zwischen den Patienten und anderen Menschen, sodass nähere Beziehungen gemieden werden, Konflikte leicht eskalieren und Beziehungen immer wieder scheitern oder gar in Katastrophen münden? Um das zu beantworten und im Weiteren möglichst hilfreiche Mittel und

Wege zu finden, die den Betroffenen dazu verhelfen, in ausreichend befriedigender Weise am sozialen Leben teilzunehmen, genügt es nicht, den Blick allein auf ihre psychische Verfassung zu richten. Das Augenmerk muss darüber hinaus dem gelten, was sich *zwischen* dem Patienten und anderen abspielt. Der Therapeut muss seine Aufmerksamkeit auch dem jeweiligen *inter*personellen Geschehen widmen: Wie gehen der Patient und die Personen in seinem sozialen Umfeld miteinander um? Wie regulieren sie ihre Beziehungen? Auf welche kommunikativen Mittel stützen sie sich dabei? Wie zeigen sie sich wechselseitig, dass sie und wie sie einander verstehen? Wie antwortet der eine, nachdem der andere zuvor dieses oder jenes getan oder gesagt hat? Meist sind die beteiligten Personen nicht in der Lage, diese Fragen zu beantworten. Ebenso ist ihnen in der Regel auch nicht bewusst, was eigentlich dazu führt, dass es immer wieder zu den Problemen in interpersonellen Beziehungen kommt, und welche Rolle dabei die Mittel und Methoden spielen, mit deren Hilfe sie das jeweilige Beziehungsgeschehen regulieren und gestalten.

Diese unbewusste Beziehungs- und Interaktionsdynamik steht im Folgenden im Mittelpunkt. Der Blick richtet sich über den Tellerrand individueller unbewusster psychischer Dispositionen hinaus auf *interaktives* und *interpersonelles Geschehen* sowie auf die vielfältigen, insbesondere auch körperlichen oder leiblichen Mittel, denen wichtige Funktionen für die nicht bewusste Abwicklung zwischenmenschlicher Begegnungen und Beziehungen zukommen.

Interaktion und Interpersonalität werden in der Psychoanalyse und der psychoanalytischen Psychotherapie, soweit die Themen dort eine Rolle spielen, meist mit unbewusstem Erleben in Verbindung gebracht und daraus erklärt. Erfahrungen und Befunde etwa der Mikrosoziologie, die auf eine nahezu gleich lange Tradition wie die Psychoanalyse zurückblicken kann (vgl. Bergmann, 2011), werden auf psychoanalytischer Seite meist als unwichtig für das eigene Denken und Tun erachtet. Um schwere strukturelle Störungen zu verstehen, bei denen interpersonelle Probleme eine so große Rolle spielen, und um die therapeutischen Mittel und Wege nachvollziehbar zu machen, die die psychoanalytisch-interaktionelle Methode zu deren Behandlung einschlägt, sind Interaktion, Interpersonalität, unbewusste Beziehungsregulierung, körperliches oder leibliches Wissen jedoch unverzichtbare Themen. Darum sollen hier nach einer kurzen Einleitung zur Geschichte der psychoanalytisch-interaktionellen Therapie einige mehr oder weniger ausführliche Anmerkungen zu den genannten Themen vorangestellt werden. Daran anschließend wird die psychoanalytisch-interaktionelle Methode unter klinischen und behandlungspraktischen Gesichtspunkten dargestellt.

2 »Durch die nämliche Technik zu erledigen«?

Die psychoanalytisch-interaktionelle Therapie ist eine störungsspezifische, entwicklungsorientierte Methode für die Behandlung von Patientinnen und Patienten, die unter den Auswirkungen gravierender Beeinträchtigungen psychischer Funktionen leiden. Die Anfänge der Methode reichen bis in die 1970er Jahre zurück. Annelise Heigl-Evers und Franz Heigl, die als Psychoanalytiker auf dem Feld der stationären Psychotherapie tätig waren, sahen sich dem Problem gegenüber, dass ihre therapeutischen Bemühungen, die Psychoanalyse für die Behandlung dieser Patienten zu nutzen, nur äußerst begrenzt erfolgreich waren. Soweit sie sich mit ihrem therapeutischen Vorgehen an Bedingungen orientierten, die für die Psychoanalyse als konstitutiv galten, schienen einige Patienten ihren ohnehin brüchigen Halt und ihre Orientierung vollends zu verlieren, bei anderen war über viele Monate der stationären Behandlung hinweg kein nennenswerter therapeutischer Fortschritt zu erkennen; manche Patienten gerieten unter der Therapie in heftiges Agieren oder brachen die Behandlung abrupt ab, und wieder andere Patienten waren für die psychoanalytisch arbeitenden Therapeutinnen und Therapeuten in der Klinik von vornherein nicht zu erreichen. Oftmals handelte es sich dabei um Patienten, denen in der Vergangenheit die Diagnose »Psychopathie« zugeschrieben worden war und bei denen heute eine »schwere Persönlichkeitsstörung« diagnostiziert würde. Vor diesem Hintergrund suchten sie nach Möglichkeiten, die praktisch-methodischen Prinzipien der klassischen Psychoanalyse so weit zu modifizieren, dass die Patienten von der Therapie ausreichend würden profitieren können.

Ihre Bemühungen konzentrierten sich anfangs auf die Gruppentherapie, die im stationären Rahmen Teil einer komplexen Behandlungsorganisation war (Heigl-Evers u. Heigl, 1983). Daraus ging schließlich die Unterscheidung zwischen analytischer, tiefenpsychologisch fundierter und interaktioneller Behandlungstechnik im Sinne eines Modells hervor (Ermann, 2017, S. 284). Als therapeutische Methode für die Behandlung von Patientinnen und Patienten, deren Störungen heute meist auf schwere strukturelle Beeinträchtigungen zurückgeführt werden, wurde die psychoanalytisch-interaktionell genannte Methode entwickelt (vgl. Heigl-Evers u. Ott, 1994; Streeck u. Leichsenring, 2015). Sie stützt sich auf eine Reihe mehr oder weniger weitreichender Modifikationen, die vor allem die Haltung des Psychotherapeuten betreffen, seine Art, den therapeutischen Dialog mit dem Patienten zu führen, und auf die ausdrückliche Bezugnahme auf die soziale Realität als »Drittes«, nämlich die Lebenswelt »da draußen«, die sich beide, Patient und Therapeut, miteinander teilen und auf die sie sich beziehen (vgl. Altmeyer u. Thomä, 2006).

Dass es notwendig ist, für die Behandlung von Patienten mit schweren strukturellen Störungen die psychoanalytische Therapie zu modifizieren, wie das mit der psychoanalytisch-interaktionellen Methode der Fall war, fand zum damaligen Zeitpunkt in psychoanalytischen Kreisen nicht immer Zustimmung, obwohl manche klinischen Befunde dafür sprachen, dass Patienten mit vergleichbar schweren Störungen entweder gar nicht in psychoanalytische Behandlung kamen oder von einer sogenannten klassischen Psychoanalyse nicht in gewünschtem Maß profitieren konnten. Zudem galten Modifikationen wie die, die in die psychoanalytisch-interaktionelle Methode aufgenommen wurden, vielfach als nicht vereinbar mit der Psychoanalyse, weil damit die Psychoanalyse verwässert und die Grenzen von Psychoanalyse und Psychotherapie unscharf zu werden drohten. Derartige Einwände erschienen umso bemerkenswerter, als Freud wie selbstverständlich davon ausgegangen war, dass die psychoanalytische Behandlungstechnik für Patientinnen und Patienten mit unterschiedlichen Störungsbildern modifiziert werden müsse: »Die Natur der psychoanalytischen Methode schafft Indikationen und Gegenanzeigen sowohl von seiten der zu behandelnden Personen als auch mit Rücksicht auf das Krankheitsbild« (Freud, 1904, S. 8 f.). Und an anderer Stelle schreibt Freud, »daß die verschiedenen Krankheitsformen, die wir behandeln, nicht durch die nämliche Technik erledigt werden können« (1919, S. 191).

In der Folge kam es innerhalb der Gruppe der Psychoanalytiker zu einer gewissen Polarisierung, bei der auch die Zugehörigkeit zu unterschiedlichen Fachgesellschaften und deren Verhältnis zueinander sowie deren Geschichte eine nicht unbeträchtliche Rolle spielten: auf der einen Seite Psychoanalytiker, die sich als Vertreter einer »wahren« Psychoanalyse zu geben schienen, auf der anderen Seite Psychoanalytiker, vorwiegend in der stationären Psychotherapie tätig, die das Anwendungsfeld der Psychoanalyse auf schwer gestörte Patienten mit strukturellen Beeinträchtigungen zu erweitern versuchten. Die Spuren dieser in unterschiedliche und gelegentlich entgegengesetzte Richtungen weisenden Tendenzen sind bis heute nicht vollständig beseitigt.

Dass die therapeutischen Modifikationen in Teilen der psychoanalytischen Szene als »nur Psychotherapie« oder Ähnliches qualifiziert bzw. disqualifiziert wurden, hat den Bemühungen, für Patienten mit schweren strukturellen Störungen auf der Grundlage der Psychoanalyse hilfreiche therapeutische Modifikationen zu finden, keinen Abbruch tun können. Seit nunmehr über 35 Jahren hat die psychoanalytisch-interaktionelle Methode, die heute sowohl als Einzel- wie als Gruppentherapie konzeptualisiert ist (Staats, Dally u. Bolm, 2014; Mattke et al., 2015; Streeck u. Leichsenring, 2015), in der psychotherapeutischen Versorgung von Patienten mit gravierenden entwicklungsbedingten Beeinträchtigungen psychischer und psychosozialer Funktionen einen festen Platz.

Randomisierte Studien haben die Wirksamkeit der psychoanalytisch-interaktionellen Methode sowohl für Patienten im Erwachsenenalter (Leichsenring et al., 2016) wie für jugendliche Patienten (Salzer, Cropp, Jaeger, Masuhr u. Streeck-Fischer, 2013) bestätigt. In den Psychotherapie-Richtlinien gehört die psychoanalytisch-interaktionelle Methode zur Gruppe der tiefenpsychologisch fundierten Psychotherapien. Im Kommentar zu den Richtlinien (Dieckmann, Dahm u. Neher, 1917, S. 40) wird der psychoanalytisch-interaktionellen Methode »ganz eindeutig eine psychodynamische bzw. psychoanalytische Grundorientierung« attestiert.

3 Strukturelle Störungen

3.1 Struktur und psychische Funktionen

»Strukturelle Störung« ist keine Diagnose für eine Krankheitseinheit im Sinne der ICD oder des DSM. Dennoch hat sich die Bezeichnung »strukturelle Störung« in der deutschsprachigen psychodynamischen Psychotherapie etabliert. Was genau ist aber mit »struktureller Störung« gemeint? Das zu beantworten ist von einiger klinischer Bedeutung, nicht zuletzt deshalb, weil die Diagnose »strukturelle Störung« häufig therapeutische Konsequenzen nach sich ziehen muss. Eine möglichst klare Definition des Strukturbegriffs ist deshalb nicht nur aus theoretischen, sondern vor allem aus praktisch-therapeutischen Gründen erforderlich.

Als konstitutives Merkmal psychischer Struktur stellen Rudolf et al. (1985, S. 200) den regelhaften bzw. repetitiven Charakter von Erleben und Verhalten in den Vordergrund:»Struktur im psychologischen Sinne bezeichnet das ganzheitliche Gefüge von psychischen Dispositionen. Sie umfassen alles, was im Erleben und Verhalten des Einzelnen regelhaft, repetitiv abläuft (bewusst und bewusstseinsfern)«.

Psychische Strukturen kann man nicht beobachten. Wenn von der psychischen Struktur eines Patienten die Rede ist, dann liegen dem Merkmale des Erlebens und Verhaltens dieses Patienten zugrunde, die zu der Schlussfolgerung geführt haben, dass diese psychischen Eigenschaften in sich eine Ordnung und ein Gefüge haben, eben eine bestimmte Struktur. »Psychische Struktur« ist somit eine Konstruktion, der beobachtbare psychische Funktionen zugrunde liegen (Wallerstein, 1994).

Um strukturelle Störungen zu identifizieren, muss sich der klinische Blick somit auf psychische Funktionen richten. Die Struktur kann integriert sein oder wenig integriert, stabil oder labil, flexibel oder unflexibel, widerstandsfähig oder fragil, kann sich auf hohem oder auf weniger hohem Niveau bewegen.

Der psychoanalytische Strukturbegriff gründet in Freuds Modell der Psyche (Es, Ich, Über-Ich) und wurde ursprünglich ganz überwiegend in Zusammenhang mit der Psychologie des Ich verwendet, um psychische Störungen zu erklären (vgl. Gabbard, 2009, S. 9 ff.). Auch als Charakterstruktur oder Struktur von Objektbeziehungen taucht der Strukturbegriff in der Psychoanalyse auf. In der Operationalisierten Psychodynamischen Diagnostik (OPD) ist »Struktur« einer von mehreren diagnostischen Schwerpunkten in einem multiaxialen System und bezieht sich auf das »*Selbst in seiner Beziehung zu den Objekten*« (Arbeitskreis OPD, 2006).

3.2 Strukturelle Störungen und schwere Persönlichkeitsstörungen

Strukturelle Störungen werden Beeinträchtigungen genannt, die darauf zurückzuführen sind, dass den Betroffenen grundlegende psychische und psychosoziale Funktionen nicht oder nur eingeschränkt verfügbar sind (z. B. Arbeitskreis OPD, 2006; Rüger, 2014). Strukturelle Störungen zeigen sich vor allem in Beeinträchtigungen der Fähigkeit, sich selbst und die Beziehungen zu anderen Menschen zu regulieren und zu gestalten (vgl. Beebe u. Lachmann, 2002). Dabei sind Selbst- und Beziehungsregulierung nicht voneinander zu trennen, gibt es doch ein Selbst nur als Selbst-mit-Anderen. Die Beeinträchtigungen dieser psychischen Funktionen oder Fähigkeiten reflektieren die meist erheblich belasteten Umstände, unter denen die Betroffenen aufgewachsen sind und vor deren Hintergrund sich psychische und psychosoziale Funktionen nur bedingt haben entwickeln können oder sich in eine abweichende Richtung entwickelt haben.

Strukturelle Störungen können sich bei ganz unterschiedlichen Krankheitsbildern zeigen, bei Patienten und Patientinnen mit Abhängigkeitserkrankungen, mit hochgradig chronifizierten konfliktbedingten Störungen und mit schweren psychosomatischen Erkrankungen. Gravierende Beeinträchtigungen psychischer und psychosozialer Funktionen finden sich vor allem aber bei Patienten mit schweren Persönlichkeitsstörungen wie paranoiden, narzisstischen, Borderline- oder antisozialen Persönlichkeitsstörungen (Kernberg, 1978, 1984). Wie strukturelle Störungen überhaupt, so belasten auch schwere Persönlichkeitsstörungen in erster Linie das soziale Leben der Betroffenen, ihre zwischenmenschlichen Beziehungen. Auch die Leitlinie für Persönlichkeitsstörungen der Arbeitsgemeinschaft der Wissenschaftlichen Medizinischen Fachgesellschaften (AWMF) betont den Aspekt der Beeinträchtigungen des sozialen Lebens der Betroffenen: »Wiederholt im Leben unter verschiedenen Umständen auftretende maladaptive zwischenmenschliche Verhaltensmuster, die das soziale Funktionsniveau und die Lebensqualität der Person beeinträchtigen, sollten an eine Persönlichkeitsstörung denken lassen und die entsprechende Diagnostik veranlassen. Die sozialen Folgen können vielfältig sein, sich in mangelnder Beziehungsfähigkeit und Isolation oder in konflikthaft und instabil verlaufenden Beziehungen ausdrücken« (AWMFonline – S2-Leitlinie Psychiatrie: Persönlichkeitsstörungen).

Weil Persönlichkeitsstörungen sich vor allem als Störungen in interpersonellen Beziehungen zeigen, stellen einige Psychotherapeuten die Diagnose »Persönlichkeitsstörung« grundsätzlich infrage und sprechen stattdessen von Interaktionsstörungen (z. B. Fiedler, 1995).

3.3 Beeinträchtigungen psychischer Funktionen – strukturell verankert oder konfliktbedingt?

Die Beeinträchtigungen von Funktionen der Selbst- und der Beziehungsregulierung zeigen sich bei Patientinnen und Patienten mit schweren strukturellen Störungen nicht nur in umschriebenen Situationen, sondern sind weitgehend gleichbleibend eingeschränkt, mehr oder weniger unabhängig von situativen Umständen. Anders als Funktionseinschränkungen, die aus Abwehrgründen nicht verfügbar sind, stehen strukturell bedingte Funktionsstörungen deshalb nicht zur Verfügung, weil sie sich nicht hinreichend haben entwickeln können. Das zeigt sich nicht zuletzt darin, dass die Funktionen mit einem therapeutischen Vorgehen, das auf die Analyse von psychischen Abwehraktionen beim Patienten gerichtet ist, nicht oder nur sehr begrenzt aktiviert werden können.

Die naheliegende diagnostische Unterscheidung von strukturellen und konfliktbedingten Beeinträchtigungen ist nicht ohne Probleme. Denn entwicklungsbedingte strukturelle Einschränkungen lassen sich nicht mit der gleichen Wahrnehmungseinstellung erfassen wie funktionelle konfliktbedingte Beeinträchtigungen psychischer Funktionen (Fürstenau, 1977). Während der psychoanalytische Blick auf unbewusste Konflikthaftigkeit die Subjektivität des Patienten zu erforschen und zu verstehen sucht, und zwar mithilfe der Subjektivität des Psychoanalytikers, der sich dazu seiner Gegenübertragung bedient, bedarf es, um strukturelle Einschränkungen zu diagnostizieren, des ergänzenden Blicks von außen, der Perspektive einer dritten Person. Intersubjektivität ist hier nicht genug. Jenseits der therapeutischen Beziehung tritt die Dritte-Person-Perspektive hinzu, nämlich in Gestalt eines »objektivierenden Blicks« auf die seelische Struktur.

Anders als der »tradierte psychoanalytische Blick« entspricht dieser eher kühle, sachliche oder neutrale Wahrnehmungsmodus, wie er zur Diagnose struktureller Störungen erforderlich ist, einem »medizinischen Modell« (Nitzschke, 1998), wie er in aller Regel für die somatische Diagnostik kennzeichnend ist. In der Organmedizin verfügt der Arzt über allgemeines, kognitiv verfügbares Wissen über Krankheiten, das er mit klinischen Beobachtungsdaten beim jeweiligen Patienten abgleicht, und schließt aus diesem Abgleich auf die individuelle Diagnose einer körperlichen Erkrankung. In vergleichbarer Weise verfügt der Psychoanalytiker über ein allgemeines, kognitiv verfügbares Wissen zu psychostrukturellen Störungen, das er mit den klinischen

Beobachtungsdaten beim jeweiligen Patienten abgleicht, und schließt aus diesem Abgleich auf die Diagnose einer strukturell beeinträchtigten seelischen Verfassung.

Eine solche Blickverschiebung oder -ausdehnung von empathischer Beziehung auf professionelles Krankheitswissen ist jedoch mit einer psychoanalytischen Wahrnehmungseinstellung nicht ohne Weiteres zu vereinbaren. Zudem hat sie ihre Tücken. Denn der »objektivierende Blick« verführt unter Umständen dazu, strukturelle Störungen zu diagnostizieren, ohne deren psychischen Hintergrund sorgfältig abzuklären und die Möglichkeit zu bedenken, dass diejenigen psychischen Funktionen, die bei einem Patienten beeinträchtigt sind, nicht nur auf der Grundlage von Strukturdefiziten eingeschränkt, sondern auch konfliktbedingt und bloß aus Abwehrgründen nicht ausreichend verfügbar sein können. Aus diesem Grund bedarf die Feststellung der Beeinträchtigung psychischer Funktionen immer der differenzialdiagnostischen Abklärung, ob es sich um konfliktbedingte, das heißt zumeist temporäre, oder um strukturell verankerte Störungen handelt.

Eine sorgfältige differenzialdiagnostische Abklärung ist aber auch deshalb erforderlich, weil strukturell verankerte Beeinträchtigungen psychischer Funktionen unter Umständen durch die äußeren Verhältnisse, unter denen ein Patient oder eine Patientin lebt, ausgeglichen werden können. So kann es sein, dass die psychischen Funktionen zwar beeinträchtigt sind, die Beeinträchtigungen nach außen aber kaum in Erscheinung treten, weil bestimmte psychische Funktionen des Patienten oder der Patientin kaum gefordert sind. Dass psychische Funktionen beeinträchtigt sind, stellt sich in einem solchen Fall unter Umständen erst dann heraus, wenn sich diese äußeren Verhältnisse verändern; die betroffene Person müsste nun auf die eigenen Funktionen zurückgreifen, die, wie sich erst jetzt zeigt, tatsächlich nicht oder nur eingeschränkt verfügbar sind.

Ein – zweifellos recht ungewöhnliches – Beispiel ist der Patient, der in einem wohlhabenden, aber vernachlässigenden Milieu aufgewachsen ist und bald, nachdem er aufgrund besonderer Umstände das häusliche

Milieu verlassen musste, um eine Berufsausbildung zu beginnen, sich zunehmend dissozial verhält und schließlich psychisch dekompensiert.

So kann es leicht zu der irrtümlichen diagnostischen Annahme kommen, dass mit der Veränderung der äußeren Lebensbedingungen ein unbewusster neurotischer Konflikt bei dem Patienten aktualisiert wurde, die situative Veränderung somit auslösende Situation für einen unbewussten Konflikt war. Tatsächlich haben sich die Beeinträchtigungen jedoch nicht in Zusammenhang mit der Aktualisierung eines neurotischen Konflikts eingestellt. Vielmehr haben sich die äußeren Verhältnisse verändert, die die strukturellen Funktionseinschränkungen des Patienten bis dahin überdeckt oder kompensiert hatten.

Der klinische Maßstab, anhand dessen strukturelle und konfliktbedingte Störungen am zuverlässigsten unterschieden werden können, sind die interpersonellen Beziehungen des Patienten einschließlich der Beziehung von Patient und Psychotherapeut. Manchmal drängt sich dem Therapeuten schon bei der allerersten Begegnung der Eindruck auf, dass er für den Patienten kein Gegenüber im Sinne einer anderen Person ist, sondern Träger einer Funktion, von der der Patient Gebrauch macht. Der Therapeut fühlt sich nicht gesehen und gemeint, als würden sich nicht zwei einander noch fremde und miteinander unvertraute Personen begegnen, die sich aus einem gewissen Abstand ansehen, sich gleichsam prüfen, sich allmählich annähern und noch tastend ihr Miteinander Schritt für Schritt regulieren und gestalten. Stattdessen stellt sich bei ihm das Gefühl ein, als andere Person »in ihrem eigenen Recht« für den Patienten keine Rolle zu spielen. Dieser funktionale Charakter der Beziehung ist oftmals darauf zurückzuführen, dass – in psychoanalytischer Terminologie – die verinnerlichten Beziehungen des Patienten den Charakter von *Partialobjektbeziehungen* (Kernberg, 1984) haben. Auch wenn eine derartige Feststellung vorerst den Charakter einer Vermutung behalten muss, kann sie für den Therapeuten doch Anlass sein, seine Verdachtsdiagnose »strukturelle Störung« offenzuhalten, bevor er sich entscheidet, welche Therapie er dem Patienten empfiehlt.

Birgt der *ausschließliche* Blick auf psychische und psychosoziale Funktionen aus einer Dritte-Person-Perspektive die Gefahr einer etikettierenden Diagnostik vermeintlicher psychischer »Mängel« und strukturell verankerter Defizite, so kann sich auf der anderen Seite ein *ausschließlich* verstehender Blick auf die Subjektivität des Patienten und die des Psychoanalytikers oder Psychotherapeuten als gleichermaßen problematisch erweisen. Allzu leicht wird dabei die Realität »da draußen« zum Verschwinden gebracht (Cavell, 2006). So hat Rudolf (2004) anhand der kritischen Diskussion einer Falldarstellung von Feldman gezeigt, zu welchen weitreichenden Folgen es führen kann, wenn das Behandlungsgeschehen *ausschließlich* aus einer dyadischen (Zweite-Person-)Perspektive szenisch verstanden bzw. mit Blick auf die Inter-Subjektivität von Patient und Therapeut »gelesen« wird und jeder Blick von außen – weil vermeintlich nicht psychoanalytisch – unterbleibt.

Tatsächlich stehen der Blick von außen auf psychische Funktionen und der verstehende Zugang zum subjektiven Erleben des Patienten nicht in einem Entweder-oder-Verhältnis zueinander. Dass es ebenso sinnvoll wie notwendig ist, die unterschiedlichen Perspektiven zusammenzuführen, hat Krause (2006) in dem anschaulichen Bild eines Bauwerks dargestellt: Entwicklungsbedingte (strukturelle) Störungen lassen sich, so Krause, mit Materialschäden vergleichen, konfliktbedingte Störungen im Vergleich dazu mit Konstruktionsmängeln, bei denen das Material des Bauwerks selbst aber nicht schadhaft ist.

3.4 Klinische Erscheinungsbilder struktureller Störungen

So wie »strukturelle Störung« keine Diagnose im Sinne einer Krankheitseinheit ist und ganz unterschiedliche Krankheitsbilder mit Beeinträchtigungen psychischer und psychosozialer Funktionen einhergehen können, so können sich strukturelle Störungen sehr unterschiedlich manifestieren.

Im Vordergrund schwerer struktureller Störungen stehen meist die massiven Beeinträchtigungen der betroffenen Patienten in ihrem sozialen Leben. Die soziale Umwelt erscheint ihnen meist unzuträglich, abweisend, unzuverlässig und böse. Ihre Beziehungen scheitern ein ums andere Mal, werden um den Preis quälender Einsamkeit gemieden oder münden nach kurzer Zeit in Feindseligkeit. Dieselbe Person, die eben noch ganz und gar unrealistisch idealisiert und in unerreichbare Höhen gerückt wurde, wird im nächsten Moment entwertet. Die Patientinnen und Patienten reagieren in Kontakten schnell misstrauisch oder fordern übergroße Nähe ein, überschreiten Grenzen ihres Gegenübers immer wieder, reagieren auf scheinbar geringe Versagungen, die andere ihnen zumuten, aggressiv und feindselig, unter Umständen mit Androhung von Gewalt oder gar mit Gewalttätigkeit. Sie versuchen, andere zu dominieren oder für eigene Zwecke zu benutzen. Sie unterwerfen sich bereitwillig und verharren in Abhängigkeit, sind in Kontakten in ständiger Alarmbereitschaft. Sie meiden nähere Kontakte oder gehen ganz im Gegenteil ungeprüft in naivem Vertrauen Beziehungen ein. Wenn den eigenen Bedürfnissen nicht entsprochen wird, kündigen sie Beziehungen abrupt auf.

Von anderen werden sie leicht als arrogant, desinteressiert oder abweisend erlebt. Ihr Gegenüber fühlt sich nicht gesehen, missachtet oder willkürlich behandelt und hält in der Folge Distanz, zieht sich zurück oder bricht den Kontakt ab. Dass und wie ihr eigenes Verhalten zu den Schwierigkeiten beiträgt, in die sie immer wieder mit ihrer sozialen Umwelt geraten, ist den Patienten meist nicht zugänglich. Sie sind nur wenig in der Lage, andere als eigenständige andere Personen wahrzunehmen, und können die Wirkung ihres Verhaltens auf ihr jeweiliges Gegenüber nur schwer antizipieren noch sich im Nachhinein klarmachen. Entsprechend ist es ihnen nicht möglich, das Verhalten ihres jeweiligen Gegenübers im Kontext ihres eigenen Verhaltens zu »lesen« und in Rechnung zu stellen, wie das Gegenüber im nächsten Schritt sich wiederum im Kontext des eigenen Verhaltens zeigen wird.

Die Probleme, die die Patientinnen und Patienten im sozialen Alltagsleben mit der Regulierung interpersoneller Beziehungen haben, werden verschärft durch ihre Schwierigkeiten, sich selbst zu regulieren: Ihr Selbstwertgefühl ist labil, ihr Selbstbild meist unrealistisch. Deshalb sind sie besonders leicht kränkbar. Ihnen fehlt häufig ein sicheres Gefühl für die eigene Identität. Es fällt ihnen schwer, Gefühle differenziert wahrzunehmen und deren Ausdruck zu steuern – soweit ihnen Gefühle überhaupt zugänglich sind.

Die Patienten können oftmals kaum sagen, wer sie selbst sind und wie sie sich selbst sehen. Häufig werten sie sich selbst ab, hassen sich oder empfinden sogar Ekel vor sich selbst oder sind von Schamgefühlen gequält. Seltener halten sie sich für eine ganz besondere Person, die über jeden Vergleich mit anderen erhaben ist. Entsprechend sind sie kaum in der Lage, ihr Verhalten auf den jeweiligen sozialen und situativen Kontext abzustimmen. Zusätzlich sind die Patienten oftmals dadurch gefährdet, dass sie Unlust- und Spannungszustände mithilfe von Alkohol, Drogen, selbstschädigendem Verhalten einschließlich Selbstverletzungen oder anderen von außen zugeführten intensiven Reizen zu bewältigen versuchen.

In der Regel stellt sich im Zuge der Untersuchung strukturell gestörter Patientinnen und Patienten heraus, dass die Beeinträchtigungen schon seit langer Zeit bestehen und ihre Schwierigkeiten, Beziehungen zu anderen ebenso wie zu sich selbst ausreichend stabil zu regulieren, sich bereits in der Kindheit oder Adoleszenz gezeigt oder zumindest angedeutet haben.

Darüber hinaus können die Beeinträchtigungen psychischer Funktionen unterschiedlich ausgedehnt sein. Es kann sein, dass ein großer Teil der psychischen Funktionen, die der Selbst- und der Beziehungsregulierung dienen, nur eingeschränkt zur Verfügung steht. Dagegen sind bei leichteren strukturellen Beeinträchtigungen oft nur wenige Funktionen betroffen. Und auch im Grad der Beeinträchtigung können sich erhebliche Unterschiede zeigen. In der Operationalisierten Psychodynamischen Diagnostik (OPD) wird der Ausprägungsgrad der Störung psychischer Funktionen mit Graden der Integration – von guter Integration bis Desintegration – unterschieden (vgl. Arbeitskreis OPD, 2006).

4 Verinnerlichte Beziehungserfahrungen und prozedurales Beziehungswissen

Patientinnen und Patienten mit schweren strukturellen Störungen sind meist unter deprivierten Bedingungen aufgewachsen, die die Zeit ihrer Entwicklung geprägt haben. Ihr sozialer Alltag war oftmals von Vernachlässigung, Missachtung und Entwertung bestimmt, von Willkür, Ausbeutung und nicht selten auch von Gewalt und Missbrauch. Wenn andere Menschen sich im sozialen Kontakt mit diesen Patienten in befremdlich aufreizender Weise angesprochen fühlen, die eigenen Grenzen verletzt sehen, sich missachtet oder als »schlecht«, »böse« oder einfach als grob »unangemessen« behandelt empfinden, dann spiegelt sich darin zumeist die adaptive Funktion des Verhaltens der Patienten wider, die Art und Weise, wie sie sich in der Vergangenheit an ihre alltäglichen Lebensbedingungen angepasst und versucht haben, auf ihre Weise damit fertigzuwerden, in extremen Fällen auch, um psychisch und sozial, manchmal sogar körperlich zu überleben.

Die interpersonellen Probleme werden in der Regel darauf zurückgeführt, dass die Patienten pathologische Beziehungserfahrungen im Zuge ihrer Entwicklung verinnerlicht haben. Diese verinnerlichten Beziehungspathologien – Horowitz (1991) nennt sie maladaptive interpersonelle Muster – werden in gegenwärtigen Beziehungen unbewusst reaktualisiert und ein ums andere Mal wiederholt. Sie modellieren Erleben und Verhalten der Patienten im sozialen Alltag und prägen das jeweils aktuelle interpersonelle Geschehen. Das sind indessen nur die oberflächlichen Folgen jener deprivierten Lebensbedingungen, unter denen die Patienten aufgewachsen sind. Diese haben tiefer greifende Spuren hinterlassen, die sich als soziale und kulturelle Erfahrungen auch körperlich bzw. leiblich niederschlagen, nämlich im »körperlichen« und »kulturellen Wissen« der Patientinnen und Patienten.

Diese Art von »körperlichem« oder »leiblichem« und »kulturellem Wissen« ist einem prozeduralen »Können« ähnlicher als kognitivem Wissen. Wie die Betroffenen sich im Zusammensein mit anderen geben und bewegen, ihr interpersoneller Stil, ist zu einem Teil ihres sozialen Habitus geworden (Bourdieu, 1987; Elias, 2006; vgl. Krais u. Gebauer, 2002). Wie die Patienten sich geben, ihre Gewohnheiten und Fertigkeiten, auf die sie sich wie selbstverständlich stützen und die sie in sozialen Situationen zur Geltung bringen, sind ungeeignet, um ausreichend stabile Beziehungen auf der Basis von Wechselseitigkeit zu regulieren und aufrechtzuerhalten. Das hat immer wieder zur Folge, dass sich die Patienten in Interaktion mit anderen und in interpersonellen Beziehungen ein ums andere Mal auf eine Weise zeigen und verhalten, die zur Folge hat, dass das Zusammensein mit anderen spannungsreich verläuft, dass alltägliche Beziehungskonflikte eskalieren, dass Beziehungen scheitern oder dass andere ihnen aus dem Weg gehen.

Das unbewusste »körperliche« oder leiblich eingeschriebene »Wissen«, das bei den Patienten mit schweren strukturellen Störungen eine so große Rolle in ihrem problematischen sozialen Leben spielt, ist kein deklaratives oder symbolisches, sondern ein nichtsprachliches und nichtsprachfähiges Wissen, ein *prozedurales* oder *implizites Beziehungswissen* (Lyons-Ruth et al., 1998; BCPSG, 2010, dt. 2012). Prozedurales Beziehungswissen ist »schweigendes Wissen« (»tacit knowledge«; Polanyi, 1969/1985) und bezieht sich auf praktische Handlungsabläufe, auf »skills and habits« (Davis, 2001), auf eingeübte Fertigkeiten im Sinne eines Könnens.

Der Begriff des »körperlichen Wissens« nimmt Bezug auf den Umstand, dass in jede soziale bzw. interpersonelle Situation die Körperlichkeit der Akteure einbezogen ist (vgl. Böhle u. Weihrich, 2010), die ihrerseits immer auch Produkt sozialer Erfahrungen ist. Sie haben sich in unbewusstem Beziehungswissen ebenso wie in »körperlichem Wissen« niedergeschlagen – im Gesamt der Körperlichkeit, in der Körperhaltung, der Art, sich zu bewegen, zu gehen oder zu gestikulieren, im Blickverhalten, mimischen Ausdruck, der Art zu sprechen u. a.

Wenn jemand soziale Interaktion wie selbstverständlich zu regulieren und abzuwickeln in der Lage ist, so hat das wesentlich damit zu tun, dass die Person über dazu ausreichend geeignetes »körperliches Wissen« oder »prozedurales Beziehungswissen« verfügt. Darüber, was solches Beziehungswissen eigentlich ausmacht, mit dessen Hilfe interpersonelle Situationen gestaltet werden, wie es benutzt wird, darüber können Personen selten Auskunft geben, weil dieses Wissen zum überwiegenden Teil nicht bewusst ist.

Die körperlichen Mittel begleiten die Worte, werden meist aber nur bruchstückhaft, wenn überhaupt, bewusst wahrgenommen. Würden sie bewusst und absichtlich eingesetzt, etwa um ein bestimmtes Bild von der eigenen Person zu vermitteln oder um damit eine bestimmte Wirkung bei der anderen Person zu erzielen, würde das Gegenüber meist bemerken, dass da etwas nicht stimmt, etwas irgendwie falsch oder übertrieben ist.

Wir alle verfügen über die Fähigkeit, unsere sozialen Interaktionen mit nichtsprachlichen körperlichen Mitteln zu regulieren, ohne zu wissen oder auch nur darüber nachdenken zu müssen, wie wir das tun. Unser Körper »weiß« schon, wie das geht, mit anderen zu interagieren (vgl. auf psychoanalytischer Seite z. B. Fonagy, 1999; Nahum et al., 2002; BCPSG, 2010, dt. 2012). Bereits kleine Kinder lernen, mit ihrer Umgebung auf höchst vielfältige Weise zu interagieren, lange bevor sie sich mit Worten mitteilen. Die Sprache, die sie lernen, überlagert ihr körperliches Wissen von Interaktion, das sie bis dahin erworben haben, ohne das körperliche Wissen jedoch zu ersetzen. Bevor er sprechen lernt, muss der Säugling »lernen, praktisch mit einer sozialen Umwelt zurechtzukommen, in der für ihn alles neu und ungewohnt, aber höchst interessant ist. Der Sprache noch nicht mächtig probiert er einfach verschiedene Handlungen aus, um aufmerksam zu registrieren, wie seine Umwelt darauf reagiert […]. In all diesen Spielarten kommunikativen Handelns können wir Bemühungen des

Säuglings erkennen, seine Beziehungsoptionen zu testen und weiterzuentwickeln« (Altmeyer, 2016, S. 116 f.).

»Körperliches Wissen«, das im Verlauf von sozialer Interaktion zur Geltung kommt, zeigt sich immer erst, indem davon Gebrauch gemacht wird, *im Zuge seiner interaktionellen Anwendung* somit. Ebenso lässt sich »körperliches Wissen« nicht oder allenfalls mit vergleichsweise großem Aufwand durch Worte ersetzen. Was mit »körperlichen« oder »leiblichen« Mitteln kommuniziert wird, lässt sich auch nicht in gleicher Weise verstehen, wie sprachliche Mitteilungen verstanden werden können. Man kann nur selten von außen auf eine flüchtige Körperbewegung oder auf eine stimmliche Modulation oder eine Veränderung der Blickrichtung oder Ähnliches hinzeigen wie auf einen Begriff und sagen, was dieses Verhalten bedeutet.

Wenn sich Bekannte, die sich nach längerer Zeit auf der Straße treffen, etwa darüber verständigen, wie sie derzeit zueinander stehen, geschieht das immer auch unter Verwendung solchen prozeduralen Beziehungswissens, unter Umständen ohne dass sie ein Wort darüber gewechselt hätten. Sie bleiben vielleicht stehen und reichen einander die Hand, lächeln sich im Zuge der Abwicklung ihres Begrüßungsrituals an oder machen sich mit anderen nicht sprachlichen Mitteln die freundlich-freudigen Gefühle, die ihre Wiederbegegnung wachgerufen hat, kenntlich. Vielleicht gehen sie auch aneinander vorbei und machen mit einem nur kurzen Nicken sichtbar, dass sie zwar voneinander Kenntnis genommen haben, aber an einem näheren Kontakt momentan nicht interessiert sind. Möglicherweise verlangsamt nach einem Austausch von Grußsignalen über einige Entfernung hinweg aber auch der eine seinen Schritt beim Näherkommen und richtet den Blick auf die entgegenkommende Person, während die andere geradeaus an dem entgegenkommenden Bekannten vorbeisieht und ihren Schritt beschleunigt. Immer verständigen sie sich, ohne ein Wort zu wechseln.

4.1 Brauchen Psychotherapeuten Kenntnisse über soziale Interaktion?

Interpersonelle Interaktion ist innerhalb der psychoanalytischen Psychotherapie ein allenfalls randständiges Thema, obwohl die therapeutische Beziehung einschließlich der Verschränkung von Übertragung und Gegenübertragung immer auch ein Produkt der Interaktion von Patient und Psychotherapeut ist. In der psychoanalytischen Literatur ist gelegentlich zu lesen, Interaktion beschreibe die therapeutische Beziehung ausschließlich unter behavioralen Aspekten, also an der Oberfläche des Verhaltens, deshalb gehöre das Thema zum Zuständigkeitsbereich der Sozialpsychologie, nicht jedoch zur Psychoanalyse. Interaktion rekonstruiere das Geschehen zwischen Akteuren, auch im Sonderfall der Psychotherapie zwischen Patient und Psychotherapeut »nach dem Muster von Billardkugeln«, die sich beim Zusammenstoßen zwar »gegenseitig hinsichtlich Lage und Bewegung« beeinflussen, aber in ihrer inneren Struktur »von dieser Interaktion völlig unberührt« blieben (Wirth, 2016, S. 53).

Das scheint jedoch ein folgenreicher Irrtum zu sein. Handeln in sozialen Situationen ist für Soziologie und Mikrosoziologie keineswegs bloßes behaviorales, also oberflächliches Verhalten. Soziale Interaktion meint hier vielmehr sowohl sprachlich-symbolisch wie körperlich bzw. leiblich vermitteltes aufeinander bezogenes sinnhaftes Handeln von Personen. Insbesondere die Mikrosoziologe beschäftigt sich darüber hinaus seit vielen Jahren mit der Frage, wie Anwesende in sozialen Situationen ihr Zusammensein regulieren und abwickeln, welche Mittel sie dazu verwenden und wie sie sich mithilfe dieser häufig äußerst subtilen und flüchtigen, zum großen Teil nicht bewusst verwendeten Mittel wechselseitig verständigen und mittels dieser Verständigung erst die Realität ihrer Beziehung hervorbringen.

Auch zur therapeutischen Situation, insbesondere zur Interaktion von Patient und Psychotherapeut, liegt eine Reihe von mikrosoziologischen Untersuchungen vor (z. B. Peräkylä, Antaki, Vehviläinen u. Leudar, 2008; Streeck, 2004; Wilke, 1992). Dass das Geschehen im

Behandlungszimmer einschließlich des Übertragungs- und Gegenübertragungsgeschehens von der tatsächlichen Interaktion von Patient und Therapeut unbeeinflusst bleibt, darf bezweifelt werden. Übertragung und Gegenübertragung sind an den Kontext der therapeutischen Beziehung gebunden, und die therapeutische Beziehung wird immer auch und unvermeidlich von Patient und Psychotherapeut mit füreinander sicht- und hörbaren, wenn auch meist der bewussten Wahrnehmung entzogenen Mitteln gestaltet. Die Gegenübertragung des Therapeuten, der Therapeutin wird eben nicht nur aus der unbewussten psychischen Realität des Patienten gespeist, wie manche psychoanalytischen Schulen annehmen.

Dass zwischen Patient und Psychotherapeut oder den Anwesenden in einer therapeutischen Gruppe eine »Beziehung« besteht, meint zunächst einmal nicht mehr, als dass die Anwesenden sich zueinander in ein Verhältnis der Wechselseitigkeit gesetzt haben. Das tun sie, indem sie voneinander Kenntnis nehmen und sich wechselseitig zeigen, dass sie voneinander Kenntnis genommen haben. »Ich sehe, dass du siehst, dass ich dich sehe«, könnte man diese ohne Worte abgewickelten allerersten Schritte wechselseitiger Kenntnisnahme und damit den Beginn jeder sozialen Interaktion beschreiben. Und schon bei dieser allerersten, oft ganz und gar flüchtigen Form des Kontakts wie etwa bei der Begrüßung (Streeck, 2002a) können Weichen für das nachfolgende interpersonelle Geschehen gestellt werden und werden tatsächlich häufig gestellt. Mit allem, was jeder nach der wechselseitigen Kenntnisnahme im Angesicht des anderen tut, wird das Zusammensein reguliert und die gemeinsame Beziehung gestaltet, Schritt für Schritt und Zug um Zug. Jedes Verhalten des einen ist jetzt nicht mehr unabhängig vom jeweils vorangegangenen Verhalten des anderen. Was der eine tut, tut er im Kontext des jeweils vorangegangenen Verhaltens des anderen, und dessen Verhalten bildet wiederum den Kontext für den nachfolgenden Schritt seines Gegenübers. Beide Interaktionspartner »lesen« das Verhalten des anderen nicht auf dessen Absichten oder Wünsche hin, die dem Verhalten vermeintlich zugrunde liegen, sondern sie sehen das körperliche oder leibliche

Verhalten, das der andere im Kontext der jeweiligen Situation zeigt. Sie verstehen einander auf der Grundlage, dass der körperliche oder leibliche Ausdruck des einen zum Eindruck für den anderen wird (Fuchs u. de Jaegher, 2009).

Das Gleiche geschieht im Prinzip auch zwischen Patient und Psychotherapeut im Behandlungszimmer, und in diesem Rahmen entfalten sich die Übertragung des Patienten und die Gegenübertragung des Psychotherapeuten. Dass die therapeutische Beziehung immer eine asymmetrische Beziehung ist, steht dazu nicht im Widerspruch.

4.2 Was Psychotherapie ist und was der Psychotherapeut tut, zeigt ihm sein Patient

Wenn wir interpersonelle Beziehungen einschließlich der therapeutischen Beziehung verstehen und Beziehungsstörungen untersuchen wollen, ist es unumgänglich, den jeweiligen *sozialen Kontext* in den Blick zu nehmen. Der soziale Kontext meint zweierlei: Einmal bezieht er sich auf den Kontext *einer* interpersonellen Beziehung, zum anderen auf den Kontext *in* einer interpersonellen Beziehung. Kontext *einer* therapeutischen Beziehung meint die Umgebungsbedingungen, innerhalb derer die therapeutische Beziehung abgewickelt wird. Demgegenüber meint Kontext *in* der therapeutischen Beziehung, dass jedes Verhalten des Patienten im Kontext des jeweils vorangegangenen Verhaltens des Psychotherapeuten abgewickelt wird und umgekehrt; das Verhalten des einen ist nur vor dem Hintergrund – im Kontext – des vorangegangenen Verhaltens des anderen ganz zu verstehen.

An den Kontext zu erinnern ist wichtig, weil das, was im Behandlungszimmer geschieht, ob gestört oder nicht, immer und unvermeidlich von allen Beteiligten hervorgebracht wird, sei es die therapeutische Zweierbeziehung, sei es das Geschehen in einer therapeutischen Gruppe. Um die therapeutische Beziehung zu untersuchen und durch diese Folie hindurch die Beziehungsprobleme des Patienten zu verstehen, darf der Therapeut seinen Blick nicht auf den Patienten und dessen seelische Binnenwelt sowie sein bewusstes oder unbewusstes Verhalten einschränken. Er muss auch dafür aufmerksam sein, was *zwischen* ihm und dem Patienten geschieht. Dieses »Zwischen« trägt im psychotherapeutischen Behandlungszimmer stets die Spuren von beiden Beteiligten im Fall der Einzeltherapie, von allen Teilnehmenden einschließlich des Therapeuten oder der Therapeutin im Fall der Gruppentherapie.

Bleibt der soziale Kontext außer Acht, wird das Geschehen *zwischen* dem Patienten und dem Psychotherapeuten allzu leicht *ausschließlich* aus psychischen Dispositionen und dem Verhalten des Patienten oder der Patientin abgeleitet. Diese reduktionistische Tendenz bei der Diagnose und Therapie von Persönlichkeitsstörungen, die sich ganz überwiegend als interpersonelle Störungen oder »Störungen des Sozialen« manifestieren, nennt Fiedler (1995) denn auch eine »Person-Perspektivierung eines interaktionellen Problems«.

Was für soziale Interaktion und zwischenmenschliche Beziehungen im Allgemeinen gilt, gilt auch für Interaktions- und Beziehungsstörungen: Sie werden nie von einer Person allein »gemacht«; sie sind ein Gemeinschaftsprodukt, eine Koproduktion.

Schon 1908 hat der Soziologe und Philosoph Georg Simmel in »Soziologie. Untersuchungen über die Formen der Vergesellschaftung« davon gesprochen, dass das Soziale weder in psychischen Dispositionen aufgeht, noch daraus zu erklären ist. Ein individueller Zustand ist in einem soziologischen Sinn nicht von seinem »an sich seienden Wesen« her zu bestimmen, so heißt es bei Simmel, sondern von der »sozialen Reaktion« her, also der Reaktion des anderen, die auf diesen Zustand hin eintritt (zit. nach Bergmann, 1994).

Was so naheliegend klingt, ist keineswegs selbstverständlich und hat erhebliche Konsequenzen für das Verständnis der psychotherapeutischen Situation ebenso wie für das Selbstverständnis des Psychotherapeuten oder der Psychotherapeutin. Der Psychotherapeut kann nicht in bestimmter Weise handeln und sagen, was sein Handeln »ist«. Er kann für sich nicht wie selbstverständlich beanspruchen, über den richtigen Blick zu verfügen, während er den Blick des Patienten für gestört hält. Er kann nicht mehr bedenkenlos davon ausgehen, dass er sich tatsächlich empathisch, respektvoll und wertschätzend verhält, wenn er das nur seiner eigenen Überzeugung nach tut. Denn was er für empathisch oder behutsam hält, mag diesem Patienten in diesem Moment unempathisch oder gar intrusiv erscheinen. Was für den Therapeuten Ausdruck von Wertschätzung ist, wertet der Patient vielleicht als anbiedernde Attitüde. Was der Therapeut unterstützend meint, kann den Patienten womöglich veranlassen, seine unfreundlichen Gefühle zu unterdrücken.

Das bedeutet: Was das Verhalten des Einzelnen »ist«, lässt sich nicht unabhängig vom Verhalten seines Gegenübers feststellen. Insofern ist das, was der Psychotherapeut im Behandlungszimmer »ist« und was immer er tut, gerade das, was er *für diesen Patienten* »ist« und *in dieser Situation* tut. Und was seine Interventionen für den Patienten bedeuten, erschließt sich nicht ausschließlich aus der psychischen Verfassung des Patienten, sondern ist auch an den Kontext gebunden, in dem die Worte ausgetauscht werden.

4.3 Körperliches Verhalten – Botschaften aus dem seelischen Binnenraum?

Wie aber kann »körperliches Wissen« dem wechselseitigen Verstehen dienen? Wie können sich Akteure ohne Worte miteinander verständigen, allein mittels sicht- und hörbarer, überwiegend nicht bewusster körperlicher Mittel? Haben die körperlichen Signale eine ganz bestimmte Bedeutung, sodass damit Verständigung ähnlich wie mit sprachlichen Symbolen möglich ist? Oder erlaubt das körperliche Verhalten einen Blick in die Seele, in die Absichten, Wünsche, Phantasien oder Gedanken dessen, der sic verwendet?

Psychoanalytiker und Psychotherapeuten sehen in körperlichem Verhalten eines Patienten zumeist Anzeichen, die auf die unbewusste seelische Binnenwelt schließen lassen (z. B. Sackler, 1998; Jacobs, 2001; Katzman u. Coughlin, 2013). Sie beziehen sich dabei in der

Regel auf Freud selbst. Freud (1916/17, S. 43 ff.) hatte beobachtet, dass das »Gespräch, in dem die psychoanalytische Behandlung besteht«, nicht nur mittels des »Austausches von Worten« geführt wird, sondern sich auch auf »unscheinbare Vorkommnisse« stützt, auf »ganz schwache« und »geringfügige Anzeichen«, etwa »ein von anderen kaum bemerkter Blick, eine flüchtige Bewegung, eine Verlängerung des Händedrucks um eine Sekunde«. Von solchen geringfügigen Anzeichen aus sei, so Freud, »Größerem auf die Spur zu kommen«. Schon in der Behandlung von Dora hatte sich das für Freud (1905) bewahrheitet, als er das Fingerspiel seiner jungen Patientin mit ihrem Portemonnaietäschchen sah und darin einen Beweis dafür zu erkennen meinte, dass ihren Anklagen gegen den Vater Selbstbeschuldigungen zugrunde lägen, deren Ursache er wiederum in »Masturbation, wahrscheinlich in den Kinderjahren« (1905, S. 238) vermutete: »Wer Augen hat zu sehen und Ohren zu hören, der überzeugt sich, dass die Sterblichen kein Geheimnis verbergen können. Wessen Lippen schweigen, der schwätzt mit den Fingerspitzen; aus allen Poren dringt ihm der Verrat. Und darum ist die Aufgabe, das verborgenste Seelische bewusst zu machen, sehr wohl lösbar« (S. 240).

Dass mit körperlichen Mitteln etwas dargestellt werden kann, wie Freud das an Doras Fingerspiel zu erkennen meinte, ist innerhalb der Psychoanalyse unstrittig. Ebenso unstrittig ist, dass körperliches Verhalten etwas bezeichnen, beschreiben, als etwas gelten oder etwas ausdrücken kann, etwa ein Gefühl, einen Gedanken oder eine Absicht. Überwiegend haben die Mittel, die prozedurales körperliches Beziehungswissen ausmachen und mit dem auch Patient und Psychotherapeut ihr Zusammensein regulieren, für sich genommen jedoch keinerlei zeichenhafte oder expressive Bedeutung.

Während der Therapeut gerade spricht, wendet der Patient seinen Blick für einen kurzen Moment vom Therapeuten weg, der seine Äußerung daraufhin für einen kurzen Moment unterbricht, was den Patienten sofort veranlasst, seinen Blick dem Therapeuten wieder zuzuwenden.

Ein Patient, der dem Therapeuten gegenübersitzt, ändert seine Körperhaltung. Mit kaum merklicher Verzögerung »stimmt« der Therapeut »ein« und ändert seinerseits seine Körperhaltung. Von diesem Moment an wechseln Patient und Psychotherapeut das Thema, über das sie bis dahin miteinander gesprochen hatten.

Ein Therapeut verwendet ein »Hmhm« gegenüber seiner Patientin immer dann, nachdem diese zuvor sich selbst oder ihr eigenes Verhalten als nicht gut oder als nicht genügend qualifiziert hat und damit einer Normalitätserwartung in ihren Augen nicht entsprochen hat. Mit ihren Äußerungen, die ihre Fähigkeiten als nicht hinreichend qualifizieren, kann sie den Therapeuten dazu veranlassen, ihr im nächsten Schritt mit einem bestätigenden »Hmhm« Verständnis auszudrücken.

Keine dieser flüchtigen körperlichen Handlungen bedeutet für sich genommen irgendetwas Bestimmtes und steht für sich allein, sondern ist eingebunden in die Ganzheit von Körperlichkeit und »körperlichem Wissen«. Im Gespräch von Angesicht zu Angesicht zwischen Patient und Psychotherapeut nehmen beide mit ihrem nachfolgenden Verhalten zu dem vorangegangenen Verhalten des anderen Stellung und zeigen damit, was das vorangegangene Verhalten des anderen für sie bedeutet. In diesem Sinn »antwortet« der Patient immer und unvermeidlich auf das vorangegangene Verhalten des Psychotherapeuten und umgekehrt der Psychotherapeut auf das vorangegangene Verhalten des Patienten.

Schon 1934 hat G. H. Mead diese dem Sozialverhalten eingewobene Interdependenz damit ausgedrückt, dass »die Bedeutung einer Geste […] gleich der Antwort eines Organismus auf die Geste eines anderen in einem gegebenen Akt sozialen Handelns« ist (1934/1968, S. 82f.).

Manchmal handelt der Adressat des körperlichen Verhaltens eines anderen, als handele es sich um den ersten Schritt einer nachfolgenden Handlung, die sich darin ankündigt, gleichsam wie die ersten Töne einer Melodie, die bereits in der Eröffnung anklingt. Zu einer kaum wahrnehmbaren Seitwendung des Blicks im Gespräch beispielsweise verhält sich die andere Person, als sei der Seitenblick der Beginn eines Akts der Abwendung. Eine geringfügige Verringerung des körperlichen Abstands wird von der anderen Person beantwortet, als sei im Folgenden mit einem Annäherungsversuch zu rechnen.

Um die Frage zu beantworten, wie wir einander verstehen, insbesondere wie wir unser emotionales Erleben wechselseitig verstehen können, stützt sich Fuchs (2014) auf das phänomenologische Konzept der »Zwischenleiblichkeit« von Merleau-Ponty (vgl. Kristensen, 2012). Der leibliche Gefühls*ausdruck* der einen Person rufe, so Fuchs, in einem zirkulären Prozess vermittelt über die Spiegelneuronen einen korrespondierenden leiblichen Gefühls*eindruck* bei der anderen Person hervor, die ihr Gefühl wiederum in ihrer Körperlichkeit für ihr Gegenüber erkennen lässt, usw. Auf diese Weise ruft das gefühlshafte Befinden der einen Person das gefühlshafte Befinden der anderen hervor und umgekehrt (Fuchs u. de Jaegher, 2009). Dazu bedürfe es, so Fuchs, keiner »Theory of Mind«, der zufolge körperliches Verhalten auf Bewusstseinszustände der anderen Person schließen lasse. Der Anblick eines weinenden Menschen löst Traurigkeit aus; der freudige Ausdruck der einen vermag die Stimmung der anderen Person zu heben. So können Akteure in sozialer Interaktion sich vermittelt über ihr körperliches oder leibliches »Wissen« wechselseitig verstehen.

5 Psychotherapie nahe am sozialen Alltagsleben: Die psychoanalytisch-interaktionelle Arbeitsweise

Die therapeutische Arbeit mit Patienten mit gravierenden strukturellen Einschränkungen trägt dem Umstand Rechnung, dass die Psyche solcher Patienten wenig kohärent und integriert ist, interpersonelle Beziehungen davon bestimmt werden, dass andere nicht als eigenständige andere Personen erlebt und behandelt werden, sondern Funktionen in Verbindung mit der Selbst- und Selbstwertregulierung erfüllen müssen, und dass die sprachlichen Äußerungen der Patienten oftmals eher dem Versuch dienen, mit Worten etwas zu tun und dem anderen anzutun, als symbolisch vermittelter Verständigung zu dienen (Moser, 2001; Levine, 2014; Streeck, 2002b). Vor diesem Hintergrund ist ein vorrangiges Ziel der Behandlung, den Patientinnen und Patienten dazu zu verhelfen, in ausreichend befriedigender Weise am sozialen Alltagsleben teilzunehmen.

Auf den ersten Blick könnte es so aussehen, als unterscheide sich der therapeutische Dialog zwischen dem Patienten und dem Psychotherapeuten in der psychoanalytisch-interaktionellen Therapie nicht sonderlich von manchen Gesprächen im sozialen Alltagsleben. Der Psychotherapeut scheint sich im Austausch mit dem Patienten nicht wesentlich anders zu verhalten, als sich jemand in einer Unterredung unter Bekannten verhalten würde: Er ist an dem Gespräch, das da vonstattengeht, unübersehbar aktiv beteiligt, er bringt immer wieder einmal eigene Gefühle zum Ausdruck, und er verwendet fast ausschließlich eine Sprache, die sich kaum von der Sprache unterscheidet, wie sie so oder ähnlich auch im sozialen Alltag gebraucht wird. Solche Ähnlichkeit mit dem Verhalten in Allerweltsbeziehungen unter Freunden oder Bekannten ist beabsichtigt: Je ähnlicher die sicht-

und hörbaren Mittel und Methoden, mit denen die therapeutische Beziehung gestaltet wird, den kommunikativen Mitteln und Methoden sind, derer sich die Akteure auch bei Begegnungen im sozialen Alltag bedienen, desto besser.

Jedoch, was da auf den ersten Blick so alltäglich daherzukommen scheint, lässt bei genauerem Hinsehen erkennen, dass der Psychotherapeut hier nur scheinbar wie mit einem mehr oder weniger guten Bekannten kommuniziert. Geleitet von einer Entwicklungsvorstellung für den Patienten nimmt er ganz im Gegenteil in wohl überlegter Weise an der therapeutischen Beziehung teil. Dabei sind seine Aufmerksamkeit und sein therapeutisches Handeln außer auf die Selbstregulierung des Patienten vor allem auf die Regulierung zwischenmenschlicher Beziehungen und deren Störungen ausgerichtet. Im Mittelpunkt der therapeutischen Arbeit steht somit nicht das unbewusste Erleben des Patienten mit dem klassischen Therapieziel, unbewusst gewordene Erfahrungen dem bewussten Erleben wieder zugänglich zu machen, sondern *der Patient in seiner sozialen Lebenswelt* mitsamt seinen interpersonellen Beziehungen. Deshalb wird das interpersonelle Geschehen zum bevorzugten Gegenstand der Therapie, sei es, dass der Patient, die Patientin über interpersonelle Situationen »da draußen« erzählt, sei es, dass es um das interpersonelle Geschehen im Hier und Jetzt der therapeutischen Begegnung geht.

Entsprechend dieser therapeutischen Fokussierung auf Interpersonalität und auf das Feld *zwischen* Patient und Therapeut, auf Intersubjektivität und Interaktion, hat sich die psychoanalytisch-interaktionelle Arbeitsweise zu einer eigenständigen Psychotherapiemethode entwickelt, die eher einem sozialwissenschaftlichen bzw. kontextuellen als einem medizinischen Therapiemodell folgt (vgl. Wampold, 2001). Der Psychotherapeut bewegt sich weniger in der Rolle eines medizinischen Experten, sondern verhält sich eher wie ein Akteur in Interaktion »auf Augenhöhe« mit dem Patienten.

Mit dieser Verschiebung vom Intrapsychischen auf das Zwischenmenschliche geht schließlich einher, dass das Verhalten des Patienten im Zusammensein mit anderen nicht zuerst vor dem Hintergrund seiner seelischen Verfassung gelesen wird, also in einer vertikalen Dimension des Seelischen, sondern vorrangig in einer horizontalen Dimension interpersonellen Verhaltens.

5.1 Zwischen Patient und Psychotherapeut

Um schwere strukturelle Störungen psychodynamisch zu verstehen, bedarf es nach wie vor der psychoanalytischen Theorie. Was die therapeutische Arbeitsweise angeht, stützt sich die psychoanalytisch-interaktionelle Methode jedoch nur zu einem Teil auf die klassisch-psychoanalytische Behandlungspraxis. Zum anderen Teil hat sie neue Konzepte entwickelt, die mehr oder weniger weitreichende Modifikationen der klassischen Technik darstellen und dem Psychotherapeuten erlauben, in anderer Weise zu intervenieren:

- So nimmt der Psychotherapeut gegenüber dem Patienten eine andere Haltung ein als der Psychoanalytiker im klassischen Rollenverständnis.
- Er nimmt seinen Part innerhalb der therapeutischen Beziehung in anderer Weise wahr als der Psychoanalytiker mit dem Selbstverständnis des neutralen oder objektiven Beobachters.
- Er beteiligt sich aktiv am interaktiven Austausch mit dem Patienten, unter Modifizierung der strengen Abstinenzregel, die ihm die Funktion eines »glatten Spiegels« (Freud) abverlangt hat.
- Und er nimmt am sprachlichen Dialog mit dem Patienten schließlich anders teil, erkennbar engagierter, als der klassische Psychoanalytiker das tut, nämlich unter Einbeziehung seiner eigenen intellektuellen, moralischen und emotionalen Regungen, die er nicht bloß als Gegenübertragung auf die Übertragung des Patienten versteht.

5.2 Zur Haltung des Psychotherapeuten

Sich dem Patienten als aufmerksamer, interessierter und zugewandter Dialogpartner anzubieten, als jemand, der darum bemüht ist, sich präsent zu zeigen und für den Patienten greifbar und erreichbar zu sein – aus guten klinischen Gründen ist das die leitende Vorstellung für die Haltung des Psychotherapeuten, der Patienten mit schweren strukturellen Störungen mit der psychoanalytisch-interaktionellen Methode behandelt. Statt persönlich anonym zu bleiben, zeigt sich der Psychotherapeut als ein anderes Subjekt, als eine andere Person, die im Sinne von Ernst Simmel (1992, S. 725) als Person »ganz da« ist: »Der Mensch ist für den Andern keineswegs schon ganz da, wenn dieser ihn ansieht, sondern erst, wenn er auch jenen ansieht.«

Damit entzieht sich der Psychotherapeut auch etwaigen Selbstobjekt-Bedürfnissen des Patienten, die zwar verstanden, aber durch emotionale Antworten in einer nicht traumatisierenden Weise frustriert werden. Insgesamt nimmt er seine Rolle deutlich weniger zurückhaltend wahr als der klassische Psychoanalytiker, der oftmals von dem Bemühen um weitgehende Anonymität geleitet ist.

Der Dialog von Angesicht zu Angesicht bringt signifikante Unterschiede zum psychoanalytischen Couchsetting mit sich. Deren Bedeutung wird manchmal unterschätzt. Das psychoanalytische Couchsetting ist aus guten Gründen eine Situation des »einseitigen Blickes« (Sartre, 1969). Soweit »körperliches Wissen« des Patienten dort überhaupt zum Tragen kommt, handelt es sich um vergleichsweise großflächiges körperliches Verhalten, das der Psychoanalytiker beobachten kann – das Spiel der Finger, die angespannt erscheinende Körperhaltung, eine geballte Faust. Er nimmt das körperliche Verhalten aus einer Perspektive der »dritten Person« wahr, nicht aber – wie im interaktiven Austausch »Auge in Auge« – aus der Position eines Gegenübers und Adressaten (Zweite-Person-Perspektive). Subtile und flüchtige körperliche Mittel müssen sich seinem Blick von außen zwangsläufig weitgehend entziehen; sie sind überwiegend nicht direkt wahrnehmbar, sondern nur indirekt erfahrbar.

Deshalb kann sich dem klassischen Psychoanalytiker die interaktionsregulierende und -steuernde Wirkung des körperlichen Verhaltens seines Patienten im Couchsetting nicht erschließen – was aus psychoanalytischer Sicht meist auch nicht als sonderlich relevant gilt. Das mag dazu beitragen, dass nichtsprachliches körperliches Verhalten des Analysanden in der Psychoanalyse statt in seiner Bedeutung für die Regulierung von Interaktion häufig wie eine symbolische Äußerung »gelesen«, als Botschaft aus dem Unbewussten aufgefasst und als solche im Weiteren in Deutungen einbezogen wird.

Der Psychotherapeut, der strukturell beeinträchtigte Patientinnen und Patienten mit der psychoanalytisch-interaktionellen Methode behandelt, macht sich gezielt zum Adressaten des »körperlichen Wissens«, mit dem der Patient die aktuelle therapeutische Situation und in vergleichbarer Weise meist auch das Zusammensein mit anderen außerhalb der therapeutischen Situation reguliert und gestaltet. Er lässt sich von seinem Patienten be-handeln und in einen vergleichsweise dichten interaktiven Austausch verwickeln. Auf diese Weise bekommt er gleichsam am eigenen Leib zu spüren, wie es ist, mit dem Patienten in Interaktion zu sein. Was er da im interpersonellen Austausch erfährt und was in der klassischen Psychoanalyse in der Regel unter dem Gesichtspunkt von Übertragung und Gegenübertragung reflektiert und als Ausgangspunkt für die Aufdeckung unbewusst gewordener Beziehungserfahrungen des Patienten genutzt wird, gilt dem Psychotherapeuten hier als aufschlussreicher Hinweis auf die soziale Alltagsrealität des Patienten.

Ob es um soziale Situationen geht, über die der Patient berichtet, ganz gleich, ob er daran aktiv beteiligt war oder nicht, oder um das interpersonelle Geschehen im Hier und Jetzt, vorrangig »liest« der Psychotherapeut das Geschehen im Hinblick darauf, wie der Patient es wahrnimmt, erlebt, beurteilt oder wie er gestaltet oder mitgestaltet, was sich da zwischen den beteiligten Personen abspielt. Er lässt seine Aufmerksamkeit nicht gleichschweben, sondern fokussiert auf das »Zwischen«.

Wenn der Therapeut versucht, den Patienten dafür zu gewinnen, den Blick statt seiner verborgenen Innenwelt seiner sozialen Umgebung zuzuwenden, in der er sich jeweils bewegt, verhält er sich nicht wie eine fachliche Autorität, die vermeintlich über überlegenes Wissen von sozialer Interaktion oder gar über irgendeine endgültige Wahrheit verfügt. Vielmehr wird er in der Regel betonen, dass das, was er an dem Geschehen »da draußen« feststellt, meint gesehen zu haben, vermutet oder behauptet, seine persönliche Sicht der Dinge wiedergibt.

Üblicherweise ist seine Rolle zutreffender als die eines Begleiters zu beschreiben, der Sicherheit dadurch vermittelt, dass er den Patienten je nach Situation an seiner eigenen Sicht auf das jeweilige interpersonelle Geschehen teilhaben lässt.

5.3 Aktivität des Psychotherapeuten

In der Regel wird der Therapeut, die Therapeutin alles vermeiden, was regressive Tendenzen aufseiten des Patienten befördern könnte. Denn Regression bedeutet für Patienten mit gravierenden strukturellen Einschränkungen immer das Risiko psychischer Dekompensation, weil die ihnen verfügbaren, ohnehin eingeschränkten psychischen und psychosozialen Funktionen, mit denen sie die Realität halbwegs meistern, weiter geschwächt werden.

Darum ist der Psychotherapeut hier aktiver, als das beispielsweise in einer analytischen Therapie der Fall ist. So sind längere Schweigephasen für Patienten mit gravierenden strukturellen Einschränkungen selten hilfreich. Im besten Fall wissen sie mit der »Leere im Zwischen« nichts anzufangen. Im schlechtesten Fall verlieren sie die Verbindung zu ihrem therapeutischen Gegenüber. Die andere Person geht ihnen innerlich verloren, wodurch ihre verbliebene Sicherheit und ihre Orientierung drohen, weiter geschwächt zu werden. Deshalb wird der Therapeut das Schweigen meist von sich aus unterbrechen, statt abzuwarten, dass der Patient das Gespräch aufnimmt oder wieder aufnimmt. Und er wird die Beziehung mit dem Patienten von seiner Seite aus aktiv aufrechtzuerhalten versuchen. Manchmal reicht es schon, wenn der Therapeut in das anfängliche Schweigen hinein lediglich eine Bemerkung macht wie: »Wollen wir nicht anfangen?«, oder auch nur: »Wie geht's Ihnen heute?« oder »Wie waren die letzten Tage?«.

Kontaktinitiative

Patienten mit schweren strukturellen Einschränkungen sind vor dem Hintergrund ihrer Beziehungserfahrungen oftmals höchst misstrauisch und rechnen damit, auf Zurückweisung zu stoßen, beschämt zu werden, nicht gesehen zu werden oder sich lächerlich zu machen. Manche Patientinnen und Patienten sind selbst dann nicht in der Lage, von sich aus Kontakt aufzunehmen und den ersten Schritt auf eine andere Person zuzugehen, wenn sie diese Person einigermaßen gut kennen. Soweit sie doch den ersten Schritt machen, kann es sein, dass das in einer Art und Weise geschieht, die bei der anderen Person Befremden oder Ablehnung auslöst, mit der Folge, dass der angestrebte Kontakt nicht zustande kommt. Wenn andere ihnen im sozialen Alltag mit Wohlwollen begegnen, vertieft das manchmal das Misstrauen eher noch, statt die Kontaktaufnahme zu erleichtern, weil fremdes Wohlwollen nicht zu ihrem Erfahrungsrepertoire gehört und deshalb nicht sein kann. Eine entsprechend aversive Reaktion des Patienten wird deshalb nicht etwa als Widerstand behandelt, weil eine Widerstandsdeutung verkennen würde, dass die abwartend-misstrauische Haltung vor dem Hintergrund der Beziehungserfahrungen der betroffenen Patienten einmal ihren guten Sinn hatte. Statt sich abwartend zu verhalten, wird der Therapeut deshalb der Einschränkung des Patienten Rechnung tragen und seinerseits die Kontaktinitiative übernehmen.

Gegenwartsorientierung

Auch der Versuch, den Blick der eigenen Vergangenheit zuzuwenden und ins Unbewusste abgewiesene Erfahrungen ins Bewusstsein zurückzuholen, kann für Patienten mit gravierenden strukturellen Beeinträchtigungen desorientierend sein. In besonders gravierenden Fällen kann sich dieser Zugang sogar retraumatisierend auswirken. Darum wird sich der Therapeut in der Regel versagen, den Blick des Patienten in die eigene Vergangenheit zu unterstützen. Stattdessen bemüht er sich darum, den therapeutischen Dialog auf das Geschehen in der Gegenwart inner- und außerhalb des Behandlungszimmers zu konzentrieren, damit der Weg der Therapie in Richtung Progression und Entwicklung weist, statt in die Vergangenheit zu führen. So wird er auch der Versuchung widerstehen, zusammen mit dem Patienten in dessen manchmal ausgedehnte Phantasiewelten einzutauchen. Soweit er überhaupt darauf eingeht, wird er allenfalls zu klären versuchen, welche Funktion derartige Phantasien im Alltag des Patienten haben.

5.4 Den Patienten zu akzeptieren bedeutet keineswegs, nur freundliche Gefühle zu haben

Psychotherapeutinnen und Psychotherapeuten gleich welcher methodischen Richtung stimmen darin weitgehend überein, dass vom Therapeuten erwartet werden kann, dem Patienten in einer emotional grundlegend akzeptierenden Haltung zu begegnen. Das gilt auch für die psychoanalytisch-interaktionelle Arbeitsweise. Emotionale Akzeptanz bedeutet jedoch nicht, dem Patienten nur mit freundlichen Gefühlen, mit Sympathie und Zustimmung gegenüberzutreten. Im Gegenteil kann es in der therapeutischen Arbeit – zum Beispiel bei Patienten mit schweren Persönlichkeitsstörungen – zu einer nicht leicht zu bewältigenden Herausforderung werden, eine emotional grundlegend akzeptierende Haltung aufrechtzuerhalten.

Manche Patienten verhalten sich höchst provozierend, entwerten die Therapie und den Therapeuten, unterlaufen verabredete Rahmenbedingungen, drohen bei geringsten Versagungen mit Abbruch der Therapie, schwanken innerhalb kürzester Zeit zwischen Idealisierung und Abwertung oder drohen wiederholt mit Suizid. So ist es angesichts heftiger und manchmal archaischer Affekte eines Patienten nicht ungewöhnlich, dass der Therapeut seinerseits mit Gefühlen von Ärger, Ablehnung und Abwertung reagiert. Solche eigenen aversiven Gefühle und Handlungsimpulse zuzulassen ist zum Verstehen des Patienten wichtig. Denn sie korrespondieren meist mit den Beziehungserfahrungen des Patienten und »passen« zu den interpersonellen Verhältnissen und den Affekten, die in der Sozialwelt des Patienten ständige Begleiter seiner Entwicklung waren.

Aber auch um die interpersonellen Probleme zu verstehen, in die der Patient in seiner gegenwärtigen sozialen Welt immer wieder verwickelt ist, muss der Therapeut seine aversiven Gefühle zulassen können. Sie erlauben ihm Rückschlüsse darauf, wie im Alltag andere den Patienten häufig erleben und was in der Folge zu den Problemen führt, in die der Patient immer wieder mit seiner sozialen Umwelt gerät. Blieben dem Therapeuten seine aversiven und aggressiven Gefühle unzugänglich, etwa weil sie ihm unvereinbar erscheinen mit seinem Verständnis – besser: seinem Missverständnis – von Empathie oder Wertschätzung, droht er sich den Zugang zum Verständnis wichtiger Aspekte der sozialen Lebenswelt des Patienten zu versperren.

Besonders schwer fällt die Aufrechterhaltung einer emotional akzeptierenden Grundhaltung in der therapeutischen Arbeit mit strukturell gestörten Patienten, wenn deren Verhalten die Grenze zu antisozialem oder kriminellem Verhalten überschreitet, wie zum Beispiel bei Klienten, die in sozialtherapeutischen Abteilungen behandelt werden. Eventuell kann es dann hilfreich sein, dass sich der Psychotherapeut die Verhältnisse vor Augen führt, unter denen der Klient sich entwickelt und versucht hat, mit seinen – manchmal kaum vorstellbar desolaten – Lebensumständen fertigzuwerden und sein psychisches und manchmal auch sein physisches Überleben zu sichern.

Das darf auf der anderen Seite den Therapeuten oder die Therapeutin nicht daran hindern, die für eine sinnvolle therapeutische Arbeit erforderlichen Rahmenbedingungen aufrechtzuerhalten, beispielsweise dem Patienten klar und unmissverständlich und, falls das erforderlich sein sollte, entschieden auch Grenzen zu setzen. Eine emotional akzeptierende therapeutische Haltung ist nicht gleichbedeutend mit Bedürfnisbefriedigung.

5.5 Der Patient spricht über Beziehungen

Die Schilderungen von sozialen Situationen und interpersonellen Beziehungen machen in der Regel einen großen Teil der Erzählungen von Patienten im psychotherapeutischen Behandlungszimmer aus. Das können Ereignisse sein, die sich in unmittelbarer Nähe des Patienten abgespielt haben, das können aber auch Szenen sein, die der Patient nur aus der Ferne von außen beobachtet, vielleicht auch nur im Fernsehen gesehen oder in einem Roman gelesen hat. Meist bildet sich in den Erzählungen des Patienten mehr oder weniger anschaulich ab, wie er diese sozialen Situationen und die jeweiligen interpersonellen Beziehungen wahrgenommen und erlebt hat, welche Hoffnungen und Wünsche, aber auch Ängste und Gefahren für ihn mit Beziehungen verbunden sind.

Wenn der Therapeut mit Blick auf die jeweiligen interpersonellen Ereignisse, die der Patient erzählt und die sich da draußen abgespielt haben, eingeht und mit dem Ziel darauf »antwortet«, bestimmte Aspekte der jeweiligen Situation zu beleuchten, kann er virtuell die Rolle einer der Personen einnehmen. Das kann die Rolle des Akteurs in der jeweiligen Szene ebenso sein wie die Rolle des Gegenübers. Dann kann er gemeinsam mit dem Patienten näher betrachten, was sich im Verhältnis *zwischen* den Personen, von denen da die Rede ist, abgespielt hat.

Eine Patientin führt in ihrer Therapie immer wieder Beschwerde über Ereignisse an ihrem Arbeitsplatz. Sie ist empört, dass eine Kollegin häufig zu spät kommt, ohne dass das nennenswerte Folgen zu haben scheint. Diese Kollegin könne sich bei dem Chef offenbar, so meint sie, alles erlauben, während andere Kolleginnen damit rechnen müssten, für jede Kleinigkeit gerügt zu werden.

Der Therapeut versucht daraufhin, die Patientin anzuregen, sich darüber Gedanken zu machen, welche Beweggründe ihr Chef für sein Verhalten dieser Kollegin gegenüber haben könnte: »Haben Sie eine Idee, weshalb Ihr Chef das Zuspätkommen gerade dieser Kollegin akzeptiert oder hinnimmt, wie es aussieht?« Oder er könnte die Patientin fragen: »Hat es vielleicht besondere Gründe, dass Ihre Kollegin häufiger einmal zu spät kommt?«

Von hier aus kann sich im Weiteren allmählich ein Weg eröffnen, um mit der Patientin ihre eigene Beziehung zu ihrem Chef oder ihrer Kollegin zu beleuchten.

Interpersonell »dichter« werden die Erzählungen über soziale Situationen in der Regel immer dann, wenn der Patient in das interpersonelle Geschehen selbst involviert war und die soziale Situation, auf die sich seine Erzählung bezieht, selbst mit gestaltet hat. In diesem Fall gibt der Patient nicht nur zu erkennen, wie er mit Blick von außen die jeweilige Situation erlebt hat, sondern zeigt auch, wie er seine eigene Rolle in der Situation wahrgenommen und wie er sich seiner eigenen Überzeugung nach gegenüber der anderen Person sowie deren Verhalten seinerseits verhalten hat.

Ein Patient, der wegen einer Abhängigkeitserkrankung in stationärer Behandlung war und vor geraumer Zeit eine Anstellung in einer Autowerkstatt gefunden hat, berichtet, dass er ein Gerät auf einen Wagen packen sollte, das ihm zu schwer war. Als er einen älteren Kollegen aufforderte, mit anzufassen, habe der ihn abgewiesen. Das habe ihn maßlos wütend gemacht, er sei dicht davor gewesen, tätlich zu werden. Es stellt sich heraus, dass derselbe Kollege ihm an einem seiner ersten Arbeitstage angeboten hatte, sich zu melden, wenn er Hilfe brauche. Er hatte daraufhin – vermutlich einigermaßen brüsk – geantwortet, er brauche keine Hilfe, denn er könne »schon lange, was hier abgeht«.

Daraufhin der Therapeut: »Können Sie verstehen, dass der Kollege Ihnen nicht geholfen hat?«

Patient: »Was soll denn die Frage?«
(Schweigen)
Patient: »Na ja ...«
Therapeut: »Haben Sie mal daran gedacht, dem Kollegen zu sagen, dass Sie das damals nicht so gemeint hatten?«
Patient (ungläubig): »Nee, wieso ...?«
(Schweigen)
Therapeut: »Ich hätte mich an der Stelle Ihres Kollegen damals ziemlich über Sie geärgert und hätte mir wahrscheinlich dreimal überlegt, ob ich da bei Ihnen mit anpacke. Wenn Sie sich bei mir entschuldigt hätten, hätte die Sache sicher anders ausgesehen.«

6 Wie »körperliches Wissen« therapeutisch erreicht werden kann

Soweit Beziehungsstörungen als Folge ins Unbewusste abgewiesener pathologischer Beziehungserfahrungen zu verstehen sind, steht als therapeutisches Ziel zumeist im Vordergrund, diese Beziehungserfahrungen dem bewussten Erleben des Patienten wieder zugänglich zu machen. Falls dieser Prozess der Bewusstwerdung von Unbewusstem möglich ist, falls der Patient also seine eingespielten Interaktions- und Beziehungsmuster erinnern und erkennen kann, wie die Muster seines gegenwärtigen Erlebens und Verhaltens im Zusammensein mit anderen von diesen früheren Beziehungserfahrungen geprägt sind, dann kommt er im besten Fall in die Lage, nicht nur sich selbst und seine Probleme in interpersonellen Beziehungen zu verstehen, sondern auch etwaige Brüche in seiner persönlichen und sozialen Identitätsbildung zu überwinden und fortan seine Beziehungen flexibler zu gestalten.

Dieser therapeutische Weg der Bewusstmachung unbewusst gewordener Beziehungserfahrungen eignet sich vor allem für Patienten mit neurotischen Störungen. Neurotische Patienten verfügen über ausreichend entwickelte psychische und psychosoziale Funktionen. Ihre Psyche ist symbolisch strukturiert, ausreichend kohärent und integriert. Anders bei Patienten mit schweren strukturellen Störungen: Selbst wenn solche Patienten manche Aspekte der beeinträchtigenden Beziehungserfahrungen, die sie in ihrer Entwicklung gemacht haben, erinnern können, können diese Erfahrungen meist nur bruchstückhaft in Worte gefasst und erzählt werden. Sie sind, so hat es den Anschein, oftmals nur partiell psychisch repräsentiert und haben symbolisch nur sehr begrenzt Eingang in die Psyche gefunden (vgl.

Levine, 2014). Das nicht bewusste »körperliche Wissen« der Patientinnen und Patienten, das nur in ihrem Habitus Ausdruck findet, wird damit therapeutisch jedoch nicht oder allenfalls partiell erreicht. Deshalb stellt sich die Frage, ob und wie dieses »körperliche Wissen«, mit dem sich der Patient in der sozialen Alltagswelt bewegt und das zur Geltung kommt, immer wenn er mit anderen zusammen ist, Gegenstand der Therapie werden kann und welche Voraussetzungen dafür erfüllt sein müssen.

Den Versuch zu machen, das »körperliche Wissen« des Patienten in Sprache zu übersetzen, kann nicht erfolgreich sein. Würde der Therapeut versuchen, dem Patienten mit Worten aufzuzeigen, wie und mit welchen sicht- und hörbaren körperlichen Mitteln er sich im Zusammensein mit anderen verhält, würde er ihm lediglich deklaratives Wissen vermitteln können: ein intellektuelles Wissen über sein prozedurales oder implizites Beziehungswissen, das dieses Wissen selbst jedoch unberührt ließe. Deklaratives Wissen dieser Art befähigt eben nicht dazu, sich sozial anders zu verhalten und interpersonelle Beziehungen zukünftig anders zu gestalten. Prozedurales Beziehungswissen kann nicht ohne Weiteres narrativ transformiert oder durch Narrationen verändert werden.

Wenn aber bei strukturellen Störungen weder der Versuch aussichtsreich ist, unbewusste Beziehungserfahrungen dem Bewusstsein zugänglich zu machen, noch der Versuch, prozedurales Beziehungswissen in deklaratives, sprachfähiges Wissen zu »übersetzen«, wie kann man an prozedurales Beziehungswissen therapeutisch dennoch heranreichen? Wie lässt sich das idiosynkratische Sozialverhalten des Patienten einschließlich seines persönlichen Habitus, der durch sein unbewusstes, nichtsprachliches körperliches Verhalten vermittelt wird und weite Teile seiner sozialen Interaktion bestimmt, mit therapeutischer Zielsetzung erreichen?

Um das zu ermöglichen, richtet der Therapeut seine Aufmerksamkeit mehr auf das »Wie« als auf das »Was«, mehr auf die interaktive Dimension der Äußerungen und des Verhaltens des Patienten als auf den Inhalt dessen, was er sagt und zeigt. Denn was der

Patient mit den Mitteln, die ihm zur Verfügung stehen, um sich in sozialen Situationen zu verhalten, bei seinem Gegenüber bewirkt, ist nicht aus dem Inhalt seiner Mitteilungen zu erschließen und lässt sich auch nicht aus dem unbewussten Sinn rekonstruieren, der zwischen den Zeilen dieser Mitteilungen aufscheint. Vorrang hat auch nicht die Frage, welche Beziehungsmuster oder Objektbeziehungen der Patient unbewusst wiederholt. Die Beziehungsnarrative ebenso wie das Beziehungsgeschehen im Behandlungszimmer werden vielmehr wie ein Dokument behandelt, dem zu entnehmen ist, wie es im sozialen Alltag des Patienten derart häufig zu Störungen im Zusammensein mit anderen kommt.

In der klassischen Psychoanalyse wird das interpersonelle bzw. intersubjektive Geschehen zwischen dem Patienten und dem Psychoanalytiker generell unter dem Aspekt der Wiederholung vergangener, unbewusst gewordener Beziehungserfahrungen als Übertragungs- und Gegenübertragungsgeschehen untersucht; in der psychoanalytisch-interaktionellen Therapie mit strukturell beeinträchtigten Patienten dagegen schließt der Psychotherapeut aus dem interpersonellen Geschehen zwischen Patient und Therapeut auf die interpersonellen Beziehungen im sozialen Alltag des Patienten. Wie andere den Patienten im sozialen Alltag erleben, unterscheidet sich meist nicht grundlegend davon, wie der Therapeut seinen Patienten erlebt. Durch das therapeutische Gespräch hindurch erfährt der Psychotherapeut, die Psychotherapeutin die Wirkungen jenes früh erworbenen »körperlichen Wissens«, das dem Patienten für die Regulierung und Gestaltung des Zusammenseins mit anderen zur Verfügung steht.

6.1 Soziale Resonanz und »Antworten« des Psychotherapeuten

Responsivität, die Bereitschaft, zu antworten, ist ein »Grundzug, der unser gesamtes leibliches Verhalten prägt […] Antworten bedeutet, dass wir auf Fremdes eingehen, das sich nicht mit den vorhandenen

Mitteln des Eigenen und Gemeinsamen bewältigen läßt [...] Antworten heißt vom Fremden her sprechen« (Waldenfels, 2015, S. 18 ff.). Aber, so Waldenfels weiter, »das Antworten genießt üblicherweise kein großes Ansehen«.

Wenn der Psychotherapeut in der psychoanalytisch-interaktionellen Therapie dem Patienten »antwortet«, spricht er aus der Position einer »anderen Person in ihrem eigenen Recht«. Er fasst sein resonantes Erleben in Worte, führt dem Patienten gleichsam vor Augen, wie dessen Verhalten ihn im Zuge der gemeinsamen Interaktion zum Schwingen – oder zum Verstummen – gebracht hat, drückt manchmal seine Gefühle aus, auch seine Impulse oder Handlungsbereitschaften, die der Patient mit seinem Verhalten bei ihm bewirkt hat. Er spricht nicht davon, was der Patient vermeintlich getan oder unterlassen hat, konfrontiert den Patienten somit nicht mit dessen Verhalten. Stattdessen bringt der Therapeut in einer auf den jeweiligen Patienten abgestimmten Weise zum Ausdruck, wie es ihm im interaktiven Austausch mit dem Patienten ergeht, wie er es aufgenommen hat, als der Patient dieses oder jenes gesagt oder unterlassen hat, wie er sich in der Folge gefühlt und was er in einer Alltagssituation vielleicht getan hätte. Der Therapeut antwortet »auf das [...], was ihm widerfährt« (Waldenfels, 2015, S. 22). Auf diese Weise erfährt der Patient, was er da wie tut oder getan hat und wie er seine sozialen Interaktionen und interpersonellen Beziehungen innerhalb und außerhalb der Psychotherapie reguliert und gestaltet.

Vielleicht lautet eine therapeutische »Antwort«, die auf das interpersonelle Geschehen abzielt: »Ich höre Ihnen aufmerksam zu. Trotzdem kann ich mir nicht recht vorstellen, was da geschehen ist, als Sie mit ... in Streit geraten sind und wie es dazu gekommen ist.«

Eine andere: »Da fühle ich mich nicht gesehen. Wie kommen Sie darauf, dass mir gleichgültig ist, wie es Ihnen geht?«

Oder: »Wäre ich an der Stelle von K. gewesen, hätte mich das wahrscheinlich auch ziemlich verletzt.«

Oder (in einer Gruppe): »Ist Ihnen aufgefallen, wie die anderen geschaut haben, als Sie das erzählt haben?«

Jedes Mal bezieht sich der Psychotherapeut auf das interpersonelle Geschehen, auf Aspekte sozialer Interaktion. Er zeigt dem Patienten auf, wie sein Verhalten auf die andere Person wirken mag, was er in einer interpersonellen Situation eventuell alternativ tun könnte, mit welchen Folgen er wahrscheinlich zu rechnen hätte, wenn er dieses oder jenes so tun würde, und Ähnliches. Gemessen an den ungeschriebenen Regeln des sozialen Alltagslebens verhält sich der Psychotherapeut damit normabweichend: Denn gewöhnlich teilt man sich nicht mit, wie man andere Personen erlebt, mit denen man in irgendeiner Weise zu tun hat, es sei denn, es handelt sich um enge Vertraute (Streeck, 2017).

Indem der Therapeut oder die Therapeutin explizit macht, was gemeinhin vermieden wird, kann der Patient allmählich einen Sinn für das interpersonelle Geschehen gewinnen, an dem er selbst beteiligt ist. Er kann erfahren, in welcher Weise sein eigenes Sozialverhalten sich auf andere auswirkt. Auf diese Weise kann das unbewusste Beziehungswissen indirekt erreicht werden und sich verändern.

6.2 Gegenübertragung und abgestimmte »Antworten«

Die »Antworten« des Psychotherapeuten zeigen dem Patienten auf, wie er von anderen Personen womöglich wahrgenommen und erlebt wird. Der Patient kann erkennen, welche Gefühle und Handlungsbereitschaften er bei seinem Interaktionspartner weckt, der sich am liebsten zurückziehen würde, weil er sich ignoriert, enttäuscht, verletzt oder verärgert fühlt, Grenzen überschritten sieht oder befremdet ist.

Dass der Psychotherapeut mit seinen Interventionen sein antwortendes subjektives Erleben und jene Handlungsbereitschaften, die im Zuge der gemeinsamen Interaktion mit dem Patienten auf seiner Seite geweckt werden, nicht etwa beliebig mitteilt, sondern seine »Antworten« auf den Patienten und dessen aktuelle psychische Verfassung sowie den jeweiligen Kontext *abstimmt,* versteht sich von selbst. Diese Abstimmung erfordert aber auch, dass die »Antworten« des Therapeuten sowohl den strukturellen Einschränkungen als auch den Fähigkeiten des Patienten Rechnung tragen müssen – etwa seiner Kränkbarkeit, seiner Schwierigkeit, Affekte wahrzunehmen, seinen Problemen, Regression zu steuern, seiner geringen Frustrationstoleranz ebenso wie seiner vielleicht hohen Intelligenz oder seiner möglicherweise bestehenden Bereitschaft, Verantwortung für sich selbst zu übernehmen.

Antwortende Interventionen sollten geeignet sein, die Entwicklung dieses Patienten in dieser Situation nach Möglichkeit zu befördern. Das setzt nicht nur – wie in jeder Psychotherapie – das gebotene Taktgefühl voraus, sondern erfordert darüber hinaus, dass der Therapeut sich jeweils darüber Rechenschaft ablegt, welche pragmatische Wirkung seine »Antworten« voraussichtlich haben werden und ob seine ins Auge gefasste Intervention den Patienten voraussichtlich anregt, seinen Blick auch auf sein Gegenüber zu richten mit der Frage, welche Wirkungen sein – beabsichtigtes oder tatsächliches – Verhalten auf sein Gegenüber voraussichtlich haben wird oder zu haben scheint. Somit teilt der Psychotherapeut dem Patienten sein Erleben, seine Gegenübertragung, nicht etwa beliebig mit, wie manchmal unterstellt wird, sondern er »antwortet« durchaus *selektiv*: ausgewählt, auf den Patienten oder die Patientin abgestimmt, nach Maßgabe des therapeutischen Fortschritts.

Ebenso wenig wie Personen im sozialen Alltag sich ihre Absichten, Impulse und Gefühle ungefiltert und unmoduliert mitteilen, sondern sich auf ihr jeweiliges Gegenüber, auf die gemeinsame Beziehung und auf den jeweiligen Kontext abgestimmt äußern, orientiert sich auch der Psychotherapeut auf den individuellen Patienten und dessen aktuelle Möglichkeiten und Grenzen hin, wenn er seine »Antworten« formuliert – stets mit dem Ziel, dass der Patient von diesen »Antworten« förderlichen Gebrauch machen kann.

Die »antwortenden« Interventionen führen dem Patienten den »interpersonellen Preis« oder den »Gewinn« vor Augen, den er entrichten muss oder erzielt, wenn er sich in einer Situation im sozialen Alltag entsprechend verhalten würde. In diesem Sinn bietet sich der Psychotherapeut dem Patienten als »sozialer Spiegel« an (Prinz, 2013), als ein »sozialer Resonanzkörper«. Die Erfahrungen sozialer Resonanz, die der Psychotherapeut dem Patienten vermittelt, werden im impliziten Gedächtnis festgehalten und finden »als soziale Identitätspartikel in die seelische Binnenstruktur des Selbst« Eingang (Altmeyer, 2016, S. 71).

Einem Patienten, der dazu neigt, schon auf geringe Versagungen hin andere massiv abzuwerten, und der sich eines Tages auf eine Versagung hin ähnlich abwertend auch über die Therapie und den Therapeuten äußert, zeigt der Therapeut selektiv und abgestimmt etwas von seinem eigenen Erleben mit den Worten: »Wissen Sie, da fühle ich mich doch ziemlich abwertend von Ihnen behandelt. Meinen Sie, dass mir das gar nichts ausmacht? Wenn ich Sie nicht mittlerweile einigermaßen gut kennen würde und Sie würden sich mir gegenüber irgendwo draußen in einer anderen Situation ähnlich verhalten, hätte ich wahrscheinlich die Tendenz, mich von Ihnen zurückzuziehen. Oder wäre Ihnen das egal?«

6.3 Authentisch, aber selektiv

Wenn der Psychotherapeut dem Patienten »antwortet«, ist er dabei authentisch:

»Es fällt mir schwer, Sie zu verstehen.«
»Ich brauche etwas mehr Zeit, um mir das vorzustellen.«
»Das ist ja eine erfreuliche Überraschung.«
»Wenn ich mir vorstelle, dass ich damit bei Ihnen rechnen müsste, wäre ich Ihnen gegenüber wahrscheinlich sehr vorsichtig.«

Was er da »in Antwort« und abgestimmt auf den Patienten von seinem Erleben ausdrückt, soll durchweg authentisch sein. Bezogen auf eine Person meint Authentizität Eigenschaften wie unverstellt, echt, ungekünstelt. Im therapeutischen Zusammenhang meint Authentizität, dass der Therapeut tatsächlich fühlt, was er dem Patienten an eigenem gefühlshaften Erleben offenlegt, und dass er tatsächlich die Bereitschaft zu handeln verspürt, über die er den Patienten in Kenntnis setzt. Mit anderen Worten: Er äußert nichts, was nicht tatsächlich auch seinem subjektiven Erleben in der jeweiligen Situation entspricht. Authentisch sein bedeutet jedoch nicht, dass der Therapeut alles äußert, was er fühlt oder wahrnimmt, beliebig und ungefiltert. Vielmehr orientiert er sich in seinen Interventionen an den Voraussetzungen, mit denen er aufseiten seines Patienten oder seiner Patientin rechnen kann oder rechnen muss – stets im Hinblick auf Fortschritte im therapeutischen Prozess.

Um authentisch sein zu können, ist der Therapeut zunächst gefordert, für jedwedes eigene Erleben offen zu sein, für alles, was sich bei ihm in Antwort auf das Verhalten und auf die Beziehungsangebote seines Patienten an Gefühlsregungen, Handlungsimpulsen, Phantasien und Einsichten einstellt. Ist er das nicht, wird er zumeist nicht in vollem Umfang erfassen können, welcher Art und von welchem Ausmaß die Probleme sind, mit denen der Patient im sozialen Alltagsleben zu tun hat. Zudem läuft er Gefahr, unglaubwürdig zu erscheinen oder sich verstellen zu müssen, wenn sein Verhalten nicht mit seinem Erleben synchron geht. Würde der Therapeut versuchen, emotionale Antworten anzubieten, die seinem tatsächlichen emotionalen Erleben nicht entsprächen, würde er riskieren, das Vertrauen des Patienten zu verlieren.

7 Interpersonelle Beziehungen und Verhaltenserwartungen in der Gruppe

In der Mehr-Personen-Situation einer therapeutischen Gruppe stellen sich die Beeinträchtigungen strukturell gestörter Patientinnen und Patienten, aber auch ihre Fähigkeiten und Stärken in der Vielfalt sozialer Situationen, zu denen es in einer Gruppe nahezu unvermeidlich kommt, oftmals besonders anschaulich dar. Das erkennt man etwa daran, wie und mit welchen Mitteln hier Vergleiche gezogen oder gerade nicht gezogen, Fragen von Gleichheit und Ungleichheit behandelt oder umgangen werden, auf welche Weise Einfluss genommen und Macht ausgeübt oder ängstlich gemieden wird, wie Führung beansprucht wird und Außenseiter geschaffen werden, wie Macht und Ohnmacht, Abhängigkeit und Unabhängigkeit, Nähe und Distanz, Vertrautheit und Fremdheit, Intimität und Öffentlichkeit im Zuge der Interaktion in der Gruppe ausgehandelt und reguliert werden.

Jedes Verhalten, unabhängig davon, an wen es explizit adressiert ist, wird in der Gruppe immer unter den Blicken aller Anwesenden abgewickelt und ist insofern »öffentliches« Verhalten. Aus diesem Grund hat alles Verhalten, anders als in einer einzeltherapeutischen Situation, immer auch soziale »Nebenfolgen«, die mehr oder weniger unabsehbar sind. Während in einer dyadischen Situation das Verhalten des einen die grobe Richtung des Verhaltens des anderen zumindest halbwegs erwartbar machen kann, ist in einer Gruppe weit weniger vorhersehbar, was im nächsten Moment geschieht. Relativ vorhersagbarer wird die »offene« Situation in der Gruppe erst dann, wenn die Teilnehmenden für alle verbindliche Verhaltenserwartungen bzw. soziale Normen gefunden und sich über entsprechende Regulierungen verständigt haben. Das geschieht in der Regel, ohne dass die erwartete Verbindlichkeit ausdrücklich benannt und gefordert wird: Man verhält sich in bestimmter Weise und stellt damit bis auf Weiteres Konformität sicher.

Auch in der psychoanalytisch-interaktionellen Gruppentherapie steht das Bemühen im Vordergrund, den Patientinnen und Patienten mit psychostrukturellen Einschränkungen dazu zu verhelfen,
- für Erleben und Handlungsbereitschaften im Zusammensein mit anderen aufmerksam zu werden,
- zwischen dem eigenen Verhalten im Zusammensein mit anderen und deren Verhalten der eigenen Person gegenüber Zusammenhänge zu erkennen,
- erwartbare interpersonelle Wirkungen des eigenen Verhaltens auf andere zu antizipieren,
- sich selbst als Akteur in der sozialen Welt erleben zu können,
- bislang ungewohnte oder unbekannte Mittel und Wege zur Regulierung und Gestaltung interpersoneller Beziehungen zu erproben und so
- ausreichend stabile Funktionen der Selbst- und der Beziehungsregulierung zu entwickeln und weiterzuentwickeln.

Patienten und Patientinnen mit strukturellen Störungen, denen die Teilnahme an einer psychoanalytisch-interaktionellen Gruppentherapie nahegelegt wird, sollten auf die gemeinsame Arbeit in der Gruppe allerdings gut vorbereitet werden. Dazu gehört, dass der Gruppentherapeut den Patienten vor Beginn der Gruppe ausführlich über seine »Krankheitstheorie« in Kenntnis setzt. Zweitens gehört dazu, dass mit dem Patienten ausführlich genug darüber gesprochen wird, welche Gründe die Empfehlung für eine therapeutische Gruppe hat und was er wie tun oder lassen sollte, um von der gemeinsamen Arbeit in der Gruppe zu profitieren. Und drittens schließlich sollten mit dem Patienten die Rahmenbedingungen für die Gruppentherapie ausführlich vorbesprochen werden, also jene Voraussetzungen, die erfüllt sein müssen, damit die Therapie potenziell erfolgreich sein kann.

8 »Der Mensch erkennt sich nur im Menschen ...«

In Gesprächen über Unbewusstes und Psychotherapie dürfte »Tiefe« eine der am häufigsten verwendeten Metaphern sein. Unbewusstes ist geheimnisvoll, unter dem Alltagsgetriebe verborgen, nur langwierig und mit Mühe zutage zu fördern. Dagegen scheinen Unbewusstes und Oberfläche wie ein Oxymoron zu sein, wie zwei miteinander unvereinbare Begriffe. Das körperliche, prozedurale oder implizite Beziehungswissen, das sichtbar und hörbar, aber dennoch unbewusst an der Oberfläche zwischenmenschliche Beziehungen zu regulieren und zu gestalten hilft, gilt im Vergleich zu dem in seelischen »Tiefen« verborgenen Unbewussten oftmals als oberflächlich. Dass soziale Wirklichkeit sich weniger dem intrapsychisch scheinbar »tiefen« Unbewussten als eher dem scheinbar »oberflächlichen« prozeduralen Beziehungswissen und der mit körperlichen oder leiblichen Mitteln unbewusst abgewickelten interpersonellen Interaktion verdankt, scheint die Bedeutung vermeintlicher »Tiefe« kaum relativieren zu können.

Der Psychotherapeut, der mit strukturell gestörten Patienten arbeitet, muss im therapeutischen Geschehen auf die Vielfalt des interaktiven Geschehens achten. Er muss für die Facetten der interpersonellen Beziehungen innerhalb und außerhalb des Behandlungszimmers aufmerksam sein. Und er muss schließlich explizit auf die interpersonellen Aspekte im Verhalten des Patienten eingehen, damit das implizite, leibgebundene und kultur- oder milieuvermittelte Beziehungswissen des Patienten erreicht und verändert werden kann. Ziel seiner Interventionen ist es, dem Patienten einen praktischen, pragmatischen Sinn für die Wirkungen seines eigenen

Verhaltens zu vermitteln, indem er das Verhalten seines Gegenübers im Kontext auch seines eigenen Verhaltens sieht.

Dieses Ziel ist bei strukturell beeinträchtigten Patienten in der Regel nicht dadurch zu erreichen, dass der Therapeut aus der Position eines beobachtenden Experten dem Patienten mitteilt, was er da tut oder welche Lösungen es für sein Problem vermeintlich gibt. Anders als bei neurotisch gestörten Patienten ist dieses Ziel nicht oder allenfalls bedingt zu erreichen, indem dem Patienten bewusst wird, dass sich in seinen Beziehungen unbewusst gewordene Beziehungserfahrungen der Vergangenheit wiederholen.

In ihrem sozialen Alltag können solche Patientinnen und Patienten in der Regel keinen Zusammenhang zwischen dem Verhalten anderer ihnen gegenüber und ihrem eigenen habituellen Verhalten erkennen, zumal Akteure im sozialen Alltagsleben das eigene Erleben eher selten reflektieren. Deshalb werden gewöhnlich andere in der Umgebung des Patienten ihm nicht sagen, dass sie sich und wodurch genau sie sich angegriffen fühlen, sondern sie ziehen sich zurück. Sie sagen ihm nicht, dass sie nicht recht wüssten, womit sie in dieser oder jener Situation bei ihm zu rechnen hätten, sondern sie halten Abstand. Sie sagen nicht, dass sie sich durch die Äußerungen, die er da gerade gemacht hat, verletzt fühlen, sondern schweigen oder drohen. Im Unterschied zur Psychotherapie wird dem Patienten im sozialen Alltag nicht in einer auf ihn abgestimmten, ihn grundlegend anerkennenden Weise geantwortet. Meist sagen die Beziehungspartner nicht, wie unangenehm sie ihn in kritischen Situationen erleben und wie sie ihn »am liebsten« behandeln würden. Sie stellen vielmehr Verhältnisse her.

Dagegen kann der Psychotherapeut seinem Patienten mit strukturellen Beeinträchtigungen die interpersonellen Auswirkungen seines Verhaltens vor Augen führen, sodass dieser wiederum sein eigenes Verhalten in Interaktion mit anderen erkennen, erleben, überprüfen und modifizieren kann. Auf diese Weise lässt sich prozedurales Beziehungswissen verändern.

Was Antonio da zu Tasso sagt, könnte auch Motto der psychoanalytisch-interaktionellen Therapie sein:

»Es ist wohl angenehm, sich mit sich selbst beschäft'gen, wenn es nur so nützlich wäre. Inwendig lernt kein Mensch sein Innerstes erkennen. Denn er mißt nach eignem Maß sich bald zu klein und leider oft zu groß. Der Mensch erkennt sich nur im Menschen, nur das Leben lehret jedem was er sey« (Johann Wolfgang von Goethe, Torquato Tasso, 1790, S. 80).

Literatur

Altmeyer, M. (2016). Auf der Suche nach Resonanz. Göttingen: Vandenhoeck & Ruprecht.

Altmeyer, M., Thomä, H. (2006). Die vernetzte Seele. Stuttgart: Klett-Cotta.

Arbeitskreis OPD (Hrsg.) (2006). Operationalisierte Psychodynamische Diagnostik OPD-2. Bern: Huber.

AWMFonline – S2-Leitlinie Persönlichkeitsstörungen. http://www.awmf.org/leitlinien/aktuelle-leitlinien/ll-liste/deutsche-gesellschaft-fuer-psychiatrie-psychotherapie-und-nervenheilkunde-dgppn.html

BCPSG – Boston Change Process Study Group (2010, dt. 2012). Change in psychotherapy. A unifying paradigm. New York u. London: Norton. Dt.: Veränderungsprozesse. Ein integratives Paradigma. Frankfurt a. M.: Brandes & Apsel.

Beebe, B., Lachmann, F. M. (2002). Säuglingsforschung und die Psychotherapie Erwachsener. Stuttgart: Klett-Cotta.

Bergmann, J. R. (1994). Ethnomethodologische Konversationsanalyse. In G. Fritz, F. Hundsnurscher (Hrsg.), Handbuch der Dialoganalyse (S. 3–16). Tübingen: Niemeyer.

Bergmann, J. R. (2011). Von der Wechselwirkung zur Interaktion – Georg Simmel und die Mikrosoziologie heute. In H. Tyrell, O. Rammstedt, I. Meyer (Hrsg.), Georg Simmels große »Soziologie«: Eine kritische Sichtung nach hundert Jahren (S. 126–149). Bielefeld: transcript.

Böhle, F., Weihrich, M. (2010). Die Körperlichkeit sozialen Handelns. Bielefeld: transcript.

Bourdieu, P. (1987). Sozialer Sinn. Frankfurt a. M.: Suhrkamp.

Cavell, M. (2006). Subjektivität, Intersubjektivität und die Frage der Realität in der Psychoanalyse. In M. Altmeyer, H. Thomä (Hrsg.), Die vernetzte Seele (S. 178–200). Stuttgart: Klett-Cotta.

Davis, J. T. (2001). Revising psychoanalytic interpretations of the past: An examination of declarative and non-declarative memory processes. The International Journal of Psychoanalysis, 82, 449–462.

Dieckmann, M., Dahm, A., Neher, M. (2017). Faber/Haarstrick-Kommentar Psychotherapie-Richtlinien. München: Elsevier.

Egle, T. U., Franz, M., Joraschky, P., Lampe, A., Seiffge-Krenke, I., Cierpka, M. (2016). Gesundheitliche Langzeitfolgen psychosozialer Belastungen in der Kindheit – ein Update. Bundesgesundheitsblatt, 59, 1247–1254.

Elias, N. (2006). Was ist Soziologie? Frankfurt a. M.: Suhrkamp.

Ermann, M. (2017). Psychodynamische Gruppentherapie. Woher und wohin? Forum der Psychoanalyse, 33, 279–288.

Fiedler, P. (1995). Persönlichkeitsstörungen. Weinheim: PsychologieVerlagsUnion.

Fonagy, P. (1999). Memory and therapeutic action. The International Journal of Psychoanalysis, 8, 215–221.

Freud, S. (1904). Die Freudsche psychoanalytische Methode. GW V. Frankfurt a. M.: Fischer.

Freud, S. (1905). Bruchstück einer Hysterie-Analyse. GW V (S. 163–286). Frankfurt a. M.: Fischer.

Freud, S. (1916/17). Vorlesungen zur Einführung in die Psychoanalyse. GW XI. Frankfurt a. M.: Fischer.

Freud, S. (1919). Wege der psychoanalytischen Therapie. GW XII. Frankfurt a. M.: Fischer.

Fuchs, T. (2014). Verkörperte Emotionen – Wie Gefühl und Leib zusammenhängen. Psychologische Medizin, 25, 13–20.

Fuchs, T., de Jaegher, H. (2009). Enactive intersubjectivity: Participatory sense-making and mutual incorporation. Phenomenology and the Cognitive Sciences, 8, 465–486.

Fürstenau, P. (1977). Die beiden Dimensionen des psychoanalytischen Umgangs mit strukturell ich-gestörten Patienten. Psyche – Zeitschrift für Psychoanalyse und ihre Anwendungen, 31, 197–207.

Gabbard, G. O. (Hrsg.) (2009). Textbook of psychotherapeutic treatments. Washington: American Psychiatric Publishing.

Goethe, J. W. von (1790). Torquato Tasso. Ein Schauspiel. Leipzig: G. J. Göschen. http://www.deutschestextarchiv.de/book/view/goethe_torquato_1790

Heigl-Evers, A., Heigl, F. (1983). Das interaktionelle Prinzip in der Einzel- und Gruppenpsychotherapie. Zeitschrift für Psychosomatische Medizin und Psychoanalyse, 29, 1–14.

Heigl-Evers, A., Ott, J. (Hrsg.) (1994). Die psychoanalytisch-interaktionelle Methode. Göttingen: Vandenhoeck & Ruprecht.

Horowitz, M. J. (1991). Person schemas and maladaptive patterns. Chicago: University of Chicago Press.

Jacobs, T. J. (2001). On unconscious communications and covert enactments: Some reflections on their role in the analytic situation. Psychoanalytic Inquiry, 21, 4–23.

Katzman, J., Coughlin, P. (2013). The role of therapist activity in psychodynamic psychotherapy. Psychodynamic Psychiatry, 41, 75–89.

Kernberg, O. F. (1978). Borderline-Störungen und pathologischer Narzissmus. Frankfurt a. M.: Suhrkamp.

Kernberg, O. F. (1984). Schwere Persönlichkeitsstörungen. Stuttgart: Klett-Cotta.

Krais, B., Gebauer, G. (2002). Habitus. Bielefeld: transcript.

Krause, R. (2006). Emotionen, Gefühle, Affekte – Ihre Bedeutung für die seelische Regulierung. In A. Remmel, O. Kernberg, W. Vollmoeller, B. Strauß (Hrsg.), Handbuch Körper und Persönlichkeit – Entwicklungspsychologie, Neurobiologie und Therapie von Persönlichkeitsstörungen (S. 22–41). Stuttgart: Schattauer.

Kristensen, S. (2012). Maurice Merleau-Ponty I – Körperschema und leibliche Subjektivität. In E. Alloa, T. Bedorf, C. Grüny, T. N. Klass (Hrsg.), Leiblichkeit. Geschichte und Aktualität eines Konzepts (S. 23–36). Tübingen : Mohr Siebeck.

Leichsenring, F., Masuhr, O., Jaeger, U., Rabung, S., Dally, A., Dümpelmann, M., Fricke-Neef, C., Steinert, C., Streeck, U. (2016). Psychoanalytic-interactional therapy versus psychodynamic therapy by experts for personality disorders: A randomized controlled efficacy-effectiveness study in cluster B personality disorders. Psychotherapy and Psychosomatics, 85, 71–80.

Levine, H. B. (2014). Die nichtfarbige Leinwand: Repräsentation, therapeutisches Handeln und die Bildung der Psyche. Psyche – Zeitschrift für Psychoanalyse und ihre Anwendungen, 68, 787–819.

Lyons-Ruth, K., Bruschweiler-Stern, N., Harrison, A. M., Morgan, A. C., Nahum, J. P., Sander, L. W., Stern, D. N., Tronick, E. Z. (1998). Implicit relational knowing: Its role in development and psychoanalytic treatment. Infant Mental Health Journal, 19, 282–289.

Mattke, D., Streeck, U., König, O. (2015). Praxis stationärer und teilstationärer Gruppen. Stuttgart, Klett-Cotta.

Mead, G. H. (1934/1968). Geist, Identität und Gesellschaft. Frankfurt a. M.: Suhrkamp.

Möller, H. J., Laux, G., Deister, A. (1996). Psychiatrie. Stuttgart: Hippokrates.

Moser, U. (2001). »What is a Bongaloo, Daddy?« Übertragung, Gegenübertragung, therapeutische Situation. Allgemein und am Beispiel »früher Störungen«. Psyche – Zeitschrift für Psychoanalyse und ihre Anwendungen, 55, 97–136.

Nahum, J. P., Bruschweiler-Stern, N., Harrison, A. M., Lyons-Ruth, K., Morgan, A. C., Sander, I. W., Tronick, E. C. (2002). Explicating the implicit: The local level and the microprocess of change in the analytic situation. The International Journal of Psychoanalysis, 83, 1051–1062.

Nitzschke, B. (1998). Die entwicklungsbedingt strukturelle Ich-Störung. Anmerkungen zum Begriff und zum Konzept. In A. Heigl-Evers, J. Ott, (Hrsg.), Die psychoanalytisch-interaktionelle Methode (S. 37–54). Göttingen, Vandenhoeck & Ruprecht.

Peräkylä, A., Antaki, C., Vehviläinen, S., Leudar, I. (2008). Conversation analysis and psychotherapy. Cambridge: Cambridge University Press.

Polanyi, M. (1969/1985). Implizites Wissen. Frankfurt a. M.: Suhrkamp.

Prinz, W. (2013). Selbst im Spiegel. Berlin: Suhrkamp.

Rudolf, G. (2004). Strukturbezogene Psychotherapie. Stuttgart: Schattauer.

Rudolf, G., Buchheim, P., Ehlers, W., Küchenhoff, J., Muhs, A., Pouget-Schors, D., Rüger, U., Seidler, G. H., Schwarz, F. (1985). Struktur und strukturelle Störung. Zeitschrift für Psychosomatische Medizin und Psychoanalyse, 41, 197–212.

Rüger, U. (2014). Strukturelle Störung. In W. Mertens (Hrsg.), Handbuch psychoanalytischer Grundbegriffe (S. 896–902). Stuttgart: Kohlhammer.

Sackler, M. L. (1998). The unspoken message. Modern Psychoanalysis, 23, 53–62.

Salzer, S., Cropp, C., Jaeger, U., Masuhr, O., Streeck-Fischer, A. (2013). Psychodynamic therapy of adolescents suffering from comorbid disorders of conduct and emotions in an in-patient setting: A randomized controlled trial. Psychological Medicine, 12, 1–10.

Sartre, J. P. (1969). Der Narr mit dem Tonband oder Die psychoanalysierte Psychoanalyse. Neues Forum, XVI, 705–709.

Simmel, G. (1992). Soziologie. Untersuchungen über die Formen der Vergesellschaftung. Frankfurt a. M.: Suhrkamp.

Staats, H., Dally, A., Bolm, T. (Hrsg.) (2014). Gruppenpsychotherapie und Gruppenanalyse. Göttingen: Vandenhoeck & Ruprecht.

Streeck, U. (2002a). Begrüßungen und Verabschiedungen. Forum der Psychoanalyse, 18, 20–36.

Streeck, U. (2002b). Handeln im Angesicht des Anderen. Über nicht-sprachliche Kommunikation in therapeutischen Dialogen. Psyche – Zeitschrift für Psychoanalyse und ihre Anwendungen, 56, 247–274.

Streeck, U. (2004). Auf den ersten Blick. Stuttgart: Klett-Cotta.

Streeck, U. (2017). Denn sie wissen nicht, was sie tun. Über unbewusste Beziehungsregulierung. Forum der Psychoanalyse, 33, 235–250.

Streeck, U., Leichsenring, F. (2015). Handbuch psychoanalytisch-interaktionelle Methode. Göttingen: Vandenhoeck & Ruprecht.
Sullivan, H. S. (1980). Die interpersonale Theorie der Psychiatrie. Frankfurt a. M.: Fischer.
Waldenfels, B. (2015). Sozialität und Alterität. Modi sozialer Erfahrung. Berlin: Suhrkamp.
Wallerstein, R. S. (1994). Psychotherapy research and its implications for a theory of therapeutic change: A forty-year overview. The Psychoanalytic Study of the Child, 49, 120–141.
Wampold, B. E. (2001). The great psychotherapy debate: Models, methods and findings. Mahwah, NJ: Lawrence Erlbaum.
Wilke, S. (1992). Die erste Begegnung. Eine konversations- und inhaltsanalytische Untersuchung der Interaktion im psychoanalytischen Erstgespräch. Heidelberg: Asanger.
Wirth, H.-J. (2016). Intersubjektivität als zentrales Moment der therapeutischen Beziehung. In G. Gödde, S. Stehle (Hrsg.), Die therapeutische Beziehung in der psychodynamischen Psychotherapie (S. 51–74). Gießen: Psychosozial-Verlag.